Inhalt

Vorwort	2
Aufbau der Klanggeschichten	3
Durchführung	4

Einstieg

Dein musikalischer Körper	5
Unsere Musikinstrumente	7

Frühling

Blumige Klänge	9
Biene Susi Summ-Herum	11
Der Osterhasenstreit	13
Eine Hunderunde	15
Minka auf dem Bauernhof	17
Wassernixengeschichte	19

Sommer

Am Strand	21
Die aufgeregte Eisenbahn	23
Die Tiere am Teich	25
Ein lauer Sommerabend	27
Die Vogelscheuche im Kirschbaum	29
Unter dem Meer	31

Herbst

Am Kartoffelfeuer	33
Das kleine Gespenst	35
Das fleißige Eichhörnchen	37
Eine Regentropfenreise	39
Fipsi und die Getreideernte	41
Kürbisfreunde	43

Winter

Flocke, der hilfsbereite Schneemann	45
Rudolph, das kleine Rentier	47
Tiere in der Weihnachtszeit	49
Sonnige Weihnachten	51
Wurzel und das Futterhäuschen	53
Ein Faschingszauber	55

Besonderes

Die musikalischen Steine	57
Ein akustisches Ratespiel	59

Vorwort

Bei meinen hier zusammengefassten Klanggeschichten handelt es sich um Geschichten, bei denen die Kinder mit akustischen Mitteln zum aktiven Mitmachen angeregt werden.

Das Prinzip der Klanggeschichten ist relativ einfach und kann auch gut von „unmusikalischen" Pädagog*innen eingesetzt werden. Bei den Klanggeschichten wird eine Geschichte vorgelesen und einzelne Elemente werden mit Instrumenten (auch Körperinstrumenten) klanglich vertont. Den Kindern wird es ermöglicht, ihre Umwelt akustisch zu vertonen und spielerisch ein Instrument zu erproben. Die Freude an der Musik steht hierbei im Vordergrund.

Bei den Klanggeschichten bekommen die Kinder zusätzlich entsprechende Anregungen, sich aktiv mit den Themen „Hören" und „Musizieren" auseinanderzusetzen. Jedes einzelne Geräusch muss von ihnen wahrgenommen und von ihrem Gehirn verarbeitet werden. Deshalb ist es für Pädagog*innen wichtig, die ganzheitliche Wahrnehmung zu betrachten. Es bietet sich an, nicht nur die Instrumente mit den Kindern auszuprobieren, sondern auch die verschiedenen Lautstärken und Rhythmen der Instrumente zu erproben oder diese als Kommunikationsinstrumente einzusetzen.

Neben der ganzheitlichen Sinneswahrnehmung ist auch bei den Klanggeschichten die Förderung der Entspannung und der sozialen Kompetenzen miteinbezogen. Zusätzlich zu der Verbesserung ihrer Wahrnehmungsfähigkeit haben aufgedrehte Kinder die Möglichkeit, sich durch leise rhythmische Instrumente zu entspannen und zur Ruhe zu kommen. Schüchterne Kinder können mit einem lauten Instrument einmal richtig Krach machen und somit eventuelle Ängste und Hemmungen abbauen.

Mit jeder Klanggeschichte wird bei den Kindern außerdem die Entwicklung des Regelverständnisses gefördert, da alle Geschichten sowohl einen Geschichtentext als auch einen vorgegebenen Instrumenteneinsatz beinhalten. So lernen die Kinder, Regeln und Abläufe einzuhalten und angemessen in der Gruppe zu agieren.
Auch eine Verbesserung der Sprachbildung und des Sprechverhaltens wird durch das Hören von und den rhythmischen Umgang mit Instrumenten gefördert, da sich die Rhythmik der Musik- bzw. der Körperinstrumente positiv auf die Melodik im kindlichen Sprachgebrauch auswirkt.

Sämtliche in diesem Heft vorliegenden Geschichten wurden bereits von mir während meiner Arbeit mit Kindern von 4–12 Jahren eingesetzt und von den kleinen Musiker*innen mit viel Begeisterung und Spaß mit unterschiedlichen Klängen illustriert und umgesetzt.

Ihre Ilka Köhler

> Liebe Lehrkraft,
> wir möchten in unseren Materialien niemanden benachteiligen oder diskriminieren. Daher nutzen wir unter anderem das Gendersternchen, um alle Geschlechter anzusprechen. In Texten für Schüler*innen verzichten wir jedoch aus Gründen der besseren Lesbarkeit darauf und nutzen weiterhin entweder die „neutrale" Form oder Doppelformen. Selbstverständlich sind stets alle Geschlechter gemeint.

Aufbau der Klanggeschichten

Bei einigen der Geschichten wurde der Text in zwei Spalten geschrieben. Die Instrumentalanweisungen befinden sich jeweils auf der rechten Seite. Bitte lesen Sie sich vor der Durchführung diese Anweisungen schon einmal durch, sodass Sie wissen, welche Instrumente wann benötigt werden. Natürlich können Sie auch gegebenenfalls eigene Ideen einbauen oder eigene Instrumente verwenden. Eventuell müssen Sie die Geschichten ihren Gegebenheiten anpassen, falls nicht alle Instrumente vorhanden sind.

Alle Klanggeschichten beginnen mit den einleitenden Worten „Ich erzähle euch heute die Geschichte von ..." Mit diesem immer gleichen Anfang soll den Kindern ein ritualisierter, sich stets wiederholender Einstieg in die Klanggeschichten ermöglicht werden.

Gerne können Sie auch passende Bilder für die Geschichten verwenden und diese sichtbar als „roten Faden" an die Tafel hängen oder auf dem Boden verteilen bzw. von den Kindern auslegen lassen. So können auf den Bildern Abbildungen zu der Geschichte zu sehen sein (z. B. die jeweiligen Blumen bei „Blumige Klänge") oder aber die jeweils einzusetzenden Instrumente.

In diesem Heft werden unterschiedliche Instrumente bei den jeweiligen Geschichten eingesetzt. Die benötigten Orff-Instrumente (s. S. 4) werden vor jedem Kapitel noch einmal aufgeführt, ebenso die anderen Instrumente:

Körpereigene Instrumente   Naturmaterialien   Orffsche Instrumente

Auch die unterschiedlichen Texte (Reime, Geschichten und Geschichten mit akustischen Signalwörtern) sind gekennzeichnet:

akustische Signalwörter   Geschichte   Reim

Bei den Geschichten mit akustischen Signalwörtern sollen die Kinder diese erkennen und mit ihrem jeweiligen Instrument umsetzen. Hierbei wird das Konzentrations- und Reaktionsvermögen der Kinder geschult.

Durchführung

Dauer: Für jede dieser Klanggeschichten benötigen Sie ungefähr 10 – 15 Minuten, je nach Dauer des Instrumenteneinsatzes und des Gruppenverhaltens.

Umfeld: Angenehm ist eine ruhige Umgebung. Es ist Ihnen überlassen, ob die Kinder am Tisch, im Stuhlkreis oder auf dem Boden sitzen. Wichtig ist, den Kindern genügend Zeit/Freiraum zu geben, sodass sie die Instrumente kennenlernen und erproben können.

Einstieg: Lesen Sie den Kindern die Geschichte einmal ohne Instrumente vor. Erst dann wird die Geschichte klanglich illustriert. So können sich die Kinder in Ruhe auf die Instrumente und ihren Einsatz konzentrieren. Im Text wird jeweils nur ein Kind genannt, doch können auch mehrere Kinder gemeinsam musizieren.

Hinweis: Bei den Klanggeschichten sollte jedes Kind miteinbezogen werden. Gerne können auch mehrere Kinder das gleiche Instrument spielen. So können sie auch aufeinander achten und sich aneinander orientieren.

Benötigte Instrumente:

Becken mit Schlägel	Fingerzimbeln	Glocke
Klangfrosch	Klanghölzer	Klangspiel
Lotosflöte	Rahmentrommel	Rassel
Regenstab	Röhrenholztrommel	Rührtrommel
Schellenkranz/Tamburin	Triangel	Xylofon

Naturmaterialien:

Maiskolben	Steine	Stöckchen
Stroh/Heu/Gräser	Wasser (in Gläsern)	

✂ ....

Rituelles Ende

Zum Abschluss der Klanggeschichte bietet es sich an, die Kinder wieder zur Ruhe zu führen. Sammeln Sie die verwendeten Instrumente vielleicht in einem Korb ein, der von Kind zu Kind weitergegeben wird, und machen Sie anschließend eine Stilleübung. Dabei können Sie zum Beispiel mit den Kindern den ausklingenden Tönen einer Klangschale nachlauschen oder mit ihnen mehrmals ein langgezogenes „Om" sprechen und dabei der Vibration des „Mmm" in ihrem Körper nachspüren. So werden die Kinder wieder mit der ihnen innewohnenden Ruhe verbunden und können anschließend entspannt in den Tagesablauf übergehen.

Dein musikalischer Körper (1)

Ich erzähle euch heute von den Klängen eures Körpers.
Habt ihr schon einmal darüber nachgedacht, wie viele verschiedene Töne ihr mit eurem Körper erzeugen könnt? Oder mit welchen Körperteilen ihr bestimmte Töne erzeugen könnt?

Denkt doch einmal an das Klatschen. Ihr könnt laut klatschen und leise. Ihr könnt schnell klatschen und langsam. Ihr könnt sogar bestimmte Rhythmen mit euren Händen klatschen.

- 🔔 *Die Kinder **klatschen** laut 5 Mal in ihre Hände.*
- 🔔 *Die Kinder **klatschen** leise 5 Mal in ihre Hände.*
- 🔔 *Die Kinder **klatschen** schnell 5 Mal in ihre Hände.*
- 🔔 *Die Kinder **klatschen** langsam 5 Mal in ihre Hände.*
- 🔔 *Die Kinder **klatschen** 3 Mal, 5 Mal und 7 Mal in ihre Hände.*

Und das Beste daran ist, ihr könnt mit euren Händen auf viele eurer Körperstellen klatschen und Töne erzeugen. Das nennt man „patschen". Ihr könnt laut patschen und leise. Ihr könnt schnell patschen und langsam. Und ihr könnt auch bestimmte Rhythmen auf eure Körperteile patschen.

- 🔔 *Die Kinder **patschen** laut 5 Mal auf ihre Oberschenkel.*
- 🔔 *Die Kinder **patschen** leise 5 Mal auf ihre Oberschenkel.*
- 🔔 *Die Kinder **patschen** schnell 5 Mal auf ihre Oberschenkel.*
- 🔔 *Die Kinder **patschen** langsam 5 Mal auf ihre Oberschenkel.*
- 🔔 *Die Kinder **patschen** 3 Mal, 5 Mal und 7 Mal auf ihre Oberschenkel.*

EINSTIEG

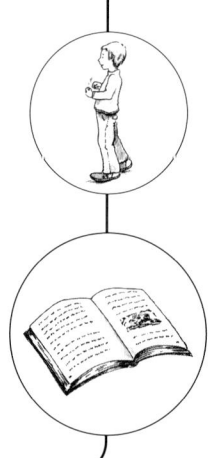

Dein musikalischer Körper (2)

Habt ihr bemerkt, wie unterschiedlich sich das Patschen angehört hat? Das probieren wir jetzt gleich einmal mit den Füßen. Ihr könnt laut stampfen und leise. Ihr könnt schnell stampfen und langsam. Ihr könnt auch wieder bestimmte Rhythmen mit euren Füßen stampfen.

- 🔔 *Die Kinder **stampfen** laut 5 Mal mit ihren Füßen.*
- 🔔 *Die Kinder **stampfen** leise 5 Mal mit ihren Füßen.*
- 🔔 *Die Kinder **stampfen** schnell 5 Mal mit ihren Füßen.*
- 🔔 *Die Kinder **stampfen** langsam 5 Mal mit ihren Füßen.*
- 🔔 *Die Kinder **stampfen** 3 Mal, 5 Mal und 7 Mal mit ihren Füßen.*

Doch das ist noch längst nicht alles. Ihr könnt viele spannende Töne mit dem Mund erzeugen. Ihr könnt pfeifen, Kussgeräusche machen und schlürfen. Ihr könnt sogar mit Hilfe eines Fingers ein ploppendes Geräusch von euch geben. Ihr könnt sogar mit der Zunge schnalzen oder wie ein Pferd davongaloppieren.

- 🔔 *Die Kinder **pfeifen** mit ihrem Mund.*
- 🔔 *Die Kinder **erzeugen** mit ihrem Mund einen langen „Kuss"-Laut.*
- 🔔 *Die Kinder **schlürfen** mit ihrem Mund.*
- 🔔 *Die Kinder **erzeugen** mit ihrem Mund und ihrem Zeigefinger einen „Plopp"-Laut.*
- 🔔 *Die Kinder **schnalzen** mit ihrer Zunge.*
- 🔔 *Die Kinder **erzeugen** mit ihrer Zunge ein „galoppierendes" Geräusch.*

Ein wirklich musikalisches Instrument ist euer Körper. Fällt euch noch etwas anderes ein?
(Hier können Sie nun den Kindern Zeit und Raum geben, um ihre eigenen Töne vorzuführen oder um vielleicht einen kleinen Schnips-, Schnalz- oder Pfeifwettbewerb zu veranstalten. Werden Sie abschließend bei Ihrem Wettbewerb immer leiser, bis schließlich Ruhe einkehrt.)
Auch dein musikalischer Körper kann ganz still sein, ebenso wie jedes andere Instrument, nachdem die Musik langsam verklungen ist.

EINSTIEG

Unsere Musikinstrumente (1)

Benötigte Instrumente: Becken, Lotosflöte, Rahmentrommel, Rassel, Schellenkranz / Tamburin, Triangel, Xylofon

Ich erzähle euch heute die Entstehungsgeschichte von einigen unserer heutigen Musikinstrumente.

🔔 *Die Kinder benutzen **alle Instrumente gleichzeitig**.*

Bereits in der Jungsteinzeit, also vor circa 12 000 Jahren, bewegten sich die Menschen zu selbst gemachter Musik. Sie bauten sich Figuren aus Ton, füllten diese dann mit verschiedenen Materialien und benutzten sie anschließend als Rasseln.

🔔 *Das Kind macht leise Geräusche mit einer **Rassel**.*

Anhand von Abbildungen und schriftlichen Überlieferungen weiß man auch, dass schon im 3. Jahrtausend vor unserer Zeitrechnung in Mesopotamien Musikinstrumente verwendet wurden. Eines dieser Instrumente war die zweifellige Trommel. Heute kennen wir viele unterschiedliche Arten von Trommeln.

🔔 *Das Kind klopft 3 Mal mit dem Schlägel auf eine **Rahmentrommel**.*

Etwa ein Jahrtausend später wurden in Ägypten andere Instrumente verwendet. Davon zeugen Abbildungen, welche die Archäologen bei ihren Ausgrabungen fanden. Zu diesen Instrumenten gehörte unter anderem das Becken.

🔔 *Das Kind klopft mit dem Schlägel auf ein **Becken**.*

Gegen 1800 vor unserer Zeitrechnung wurden in Babylonien und Assyrien die zuvor entstandenen Instrumente, wie zum Beispiel die Harfen, verkleinert und verbessert. Auch einige neue Instrumente entstanden zu dieser Zeit. Eines dieser neuen Blasinstrumente war eine Flöte mit gebogenem Körper.

🔔 *Das Kind spielt auf einer **Lotosflöte**.*

EINSTIEG

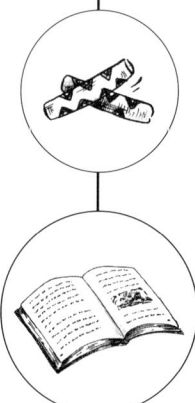

Unsere Musikinstrumente (2)

Seit dem hohen Mittelalter ist die Triangel in Europa bekannt. Erste Quellen datieren ihre Verwendung auf das 14. Jahrhundert in Italien. Allerdings hatte sie zu diesem Zeitpunkt eine geschlossene Form. Häufig wurde sie als Instrument von Engeln dargestellt.

🔔 *Das Kind klopft 3 Mal mit dem Stab auf eine **Triangel**.*

Seit dem 15. Jahrhundert ist das Xylofon in Europa zu finden, doch zuvor gab es das Instrument bereits in der Antike und vereinfachte Vorstufen in Afrika. Durch die Umsiedelung und Versklavung der Afrikaner wurde das Instrument auch in Ozeanien sowie Mittel- und Südamerika bekannt. Schließlich gelangte es bis zu uns nach Europa.

🔔 *Das Kind spielt eine Tonfolge auf dem **Xylofon**.*

Ebenfalls seit dem Mittelalter ist das Tamburin bekannt. Es ist ein Instrument, das in der Hand in einem Rhythmus geschlagen wird. In den Rahmen des Instrumentes sind paarweise Metallplättchen eingearbeitet. Beim Tamburin ist – im Gegensatz zum Schellenkranz – der Rahmen wie bei einer Trommel mit einem Trommelfell bespannt.

🔔 *Das Kind macht Geräusche mit einem **Schellenkranz / Tamburin**.*

Wenn wir nun heute mit all diesen Instrumenten eine schöne Melodie spielen, so können wir den frühen Völkern nur dafür danken, dass sie uns so wundervolle Instrumente hinterlassen haben. Denn nur auf diese Weise ist die heutige Instrumentenvielfalt entstanden.

🔔 *Die Kinder benutzen **alle Instrumente gleichzeitig** (vielleicht in einer Melodie?).*

EINSTIEG

Blumige Klänge (1)

Benötigte Instrumente: Fingerzimbeln, Glocke, Klangspiel, Lotosflöte, Rassel, Schellenkranz, Triangel, Xylofon

Ich erzähle euch heute eine Blumengeschichte
und hoffe, ihr mögt auch dies Gedichte.

Die Schneeglöckchen, die sind schon da,
klingen im Wind ganz wunderbar.
🔔 *Das Kind macht leise Geräusche mit einer **Glocke**.*

Die Krokusse recken sich empor
und klingen wie ein Krokus-Chor.
🔔 *Das Kind zieht den Schlägel vor und zurück über ein **Xylofon**.*

Die Märzbecher erscheinen, erst noch ganz klein.
Sie reihen sich in die Blumenmusik ein.
🔔 *Das Kind schlägt 3 Mal mit einem **Schellenkranz**.*

Die Tulpen klingen noch ganz leise,
in ihrer schönen Tulpenweise.
🔔 *Das Kind klopft 3 Mal mit dem Stab auf eine **Triangel**.*

Hyazinthen leuchten in vielen Farben,
an ihnen können sich Bienen laben.
🔔 *Das Kind macht Geräusche mit einer **Rassel**.*

Die Primeln strecken ihre Köpfe empor
und bunte Blüten kommen hervor.
🔔 *Das Kind schlägt 3 Mal mit den **Fingerzimbeln**.*

Auch Schlüsselblumen blühen im Garten,
sie konnten den Frühling kaum erwarten.
🔔 *Das Kind zieht den Schlägel vor und zurück über ein **Xylofon**.*

Im Beet sich auch der Blaustern zeigt
und sacht sein Blütenköpfchen neigt.
🔔 *Das Kind klopft 3 Mal mit dem Stab auf eine **Triangel**.*

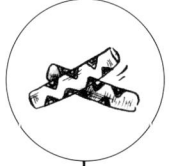

Seht doch mal die Osterglocken,
wie sie mit ihren Farben locken.
🔔 *Das Kind macht Geräusche mit einer **Glocke**.*

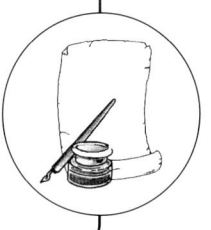

FRÜHLING

Blumige Klänge (2)

Und Veilchen sehe ich auch ganz viel,
sie tönen zart, wie ein klingendes Spiel.

🔔 *Das Kind zieht den Schlägel über ein **Klangspiel.***

Nun wachsen die ersten Vergissmeinnicht,
auch sie klingen mit in diesem Gedicht.

🔔 *Das Kind spielt auf einer **Lotosflöte.***

Zum Schluss müssen wir an die
Tausendschön denken, die wir so
gern als Präsent verschenken.

🔔 *Das Kind schlägt 3 Mal mit einem **Schellenkranz.***

All diese Blumen in Tönen erklingen,
deshalb lasst uns jetzt ein Frühlingslied
singen.

🔔 *Gerne können Sie nun mit Ihren Kindern ein selbst gewähltes **Lied** singen und dazu **alle Instrumente** noch einmal erklingen lassen.*

FRÜHLING

Biene Susi Summ-Herum (1)

Benötigte Instrumente:
Susi Summ-Herum: Das Kind spielt auf einer **Lotosflöte**.
Biene / Bienen: Das Kind macht Geräusche mit einer **Rassel**.
Blüte: Das Kind zieht den Schlägel über ein **Klangspiel**.

In diesem Text sind die Signalwörter kursiv gesetzt. Bitte entscheiden und besprechen Sie vorher mit den Kindern, ob sie auch zusammengesetzte Wörter mit dem Instrument vertonen möchten.

Ich erzähle euch heute die Geschichte von der kleinen ***Biene Susi Summ-Herum***.

Sie ist eine sehr fleißige, kleine Honig***biene*** und jetzt im Frühling hat sie jede Menge zu tun. ***Susi Summ-Herum*** fliegt von einer ***Blüte*** zur nächsten, um dort den ***Blüten***staub zu sammeln und daraus für ihre ganze ***Bienen***familie einen reichlichen Futtervorrat zu machen. Die Menschen stellen daraus leckeren Honig her.

Viele verschiedene ***Blüten*** blühen inzwischen in dem Blumenbeet am Haus. ***Susi Summ-Herum*** ist gerade in einer leuchtend roten Tulpe beschäftigt. Daneben stehen weitere Tulpen mit rosa, gelben oder violetten ***Blüten***.

Die Sonne lacht vom hellblauen Himmel herab und ihre warmen Sonnenstrahlen reichen bis hinein in die rote ***Blüte*** der Tulpe und bis zu ***Susi Summ-Herum***. Die kleine Biene trinkt den süßen Nektar und sammelt den ***Blüten***pollen als Nahrung für die kleinen Nachkommen der ***Bienen***.

Summend fliegt ***Susi Summ-Herum*** nun zu der nächsten ***Blüte*** und immer weiter, von ***Blüte*** zu ***Blüte***. So lange, bis sie ihren gesammelten Pollen kaum noch tragen kann und zum ***Bienen***stock zurückkehren muss, um ihre Last abzuliefern. Viele andere ***Bienen*** aus ihrem ***Bienen***staat sind ebenfalls mit dieser Arbeit beschäftigt und sammeln fleißig einen großen Futtervorrat.

Summend fliegt ***Susi Summ-Herum*** los in Richtung ***Bienen***stock. Dort wird sie ihre schwere Last abladen und dann erneut zu den ***Blüten*** losfliegen.

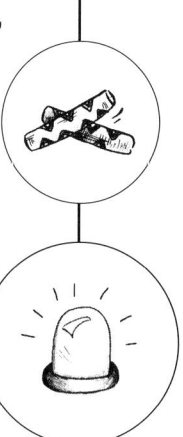

FRÜHLING

Biene Susi Summ-Herum (2)

Der **Blüten**nektar wird von den Arbeits**bienen** an die Ammen**bienen** übergeben. Diese reichern den Nektar mit körpereigenen Stoffen und **Blüten**pollen an und speichern ihn in den **Bienen**waben. Dort lassen ihn die **Bienen** reifen. Aus diesem Gemisch ensteht anschließend der schmackhafte **Blüten**honig.

Doch noch wird viel mehr Nahrung für den Nachwuchs benötigt und *Susi Summ-Herum* und all die anderen fleißigen Sammel**bienen** fliegen von einer **Blüte** zur nächsten, um einen großen Vorrat anzulegen. Schließlich wollen sie damit ihre kleinen **Bienen**kinder gut versorgen und einen Teil des Vorrates für die kalte Jahreszeit aufheben.

Susi Summ-Herum hat sich jetzt eine strahlend gelbe Tulpenblüte ausgewählt. Sie verschwindet in ihr und man sieht nicht mal mehr den kleinsten Flügelschlag von der **Biene.**

Das Einzige, was wir bemerken, ist, wie sich die **Blüte** der Tulpe hin und her bewegt, wenn *Susi Summ-Herum* den Nektar der Tulpe trinkt. Die kleinen Flügel der **Biene** summen dabei die ganze Zeit vor sich hin.

FRÜHLING

Der Osterhasenstreit (1)

Körpereigene Instrumente:

großer Hase:	Die Kinder **stampfen** mit ihren **Füßen** abwechselnd je 5 Mal auf den Boden.
kleiner Hase:	Die Kinder **tippeln** mit ihren **Füßen** abwechselnd je 10 Mal auf dem Boden.
Pferd:	Die Kinder **patschen** mit ihren **Händen** gleichzeitig 5 Mal auf ihre Oberschenkel.

In diesem Text sind die Signalwörter kursiv gesetzt. Bitte entscheiden und besprechen Sie vorher mit den Kindern, ob sie auch zusammengesetzte Wörter mit dem Instrument vertonen möchten.

Ich erzähle euch heute die Geschichte von den zwei zerstrittenen Osterhasen.

Der eine Hase war groß und der andere Hase war klein. Der *großer Hase* meinte, er wäre wegen seiner Größe der bessere Hase. Der *kleine Hase* meinte, er wäre wegen seiner Schnelligkeit der bessere Hase. Und so sehr sie sich auch stritten, sie kamen zu keinem Ergebnis.

Da kam plötzlich ein *Pferd* hinzu. Es hatte sich den Streit eine Weile angehört und schüttelte den Kopf. Das *Pferd* meinte schließlich: „Ich bin noch größer als der *großer Hase* und ich bin noch schneller als der *kleine Hase*. Manchmal ist es gut, groß zu sein, und manchmal ist es gut, schnell zu sein."

Die Hasen hörten genau zu, doch weder der *großer Hase* noch der *kleine Hase* wollten dem *Pferd* glauben. Und so stritten sie weiter, denn sie konnten sich noch immer nicht einigen. Darüber vergingen viele Tage.

Da kam schließlich wieder das *Pferd* zu den beiden Hasen, denn es hatte seine Koppel dicht neben den Hasenbauten und musste sich jeden Tag den Streit vom *großen Hasen* und vom *kleinen Hasen* anhören. Und allmählich hatte das *Pferd* genug von den beiden.

Es sagte zu den beiden Hasen: „Jedes Mal, wenn ich einen Apfel hoch oben vom Baum abfressen möchte, dann ist es gut, groß zu sein. Jedes Mal, wenn ich wie der Wind mit meinem Herren durch die Wiesen reite, dann ist es gut, schnell zu sein."

FRÜHLING

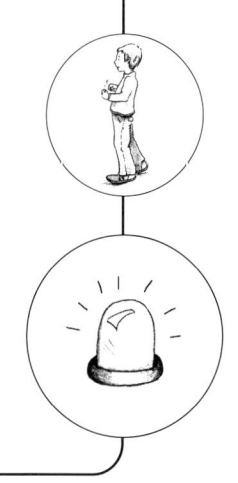

Der Osterhasenstreit (2)

Gleich sprach es weiter: „Aber jedes Mal, wenn ich mir am Torbogen den Schädel stoße, wäre es besser, kleiner zu sein. Und jedes Mal, wenn wieder ich mit dem Herren losreiten muss und nicht auch mal die anderen Pferde aus dem Stall, dann wäre es besser, langsam zu sein." Damit drehte sich das *Pferd* um und ging.

Die beiden Hasen sahen sich groß an. Was aber war nun besser? Der *große Hase* sagte schließlich: „Immer, wenn ich die schweren Ostereier trage, dann ist es gut, groß und stark zu sein. Aber immer, wenn ich mich in deinen Hasenbau zwängen muss, dann wäre es besser, klein zu sein."

Daraufhin sagte der *kleine Hase*: „Und jedes Mal, wenn ich vor dem Hofhund davonflitze, ist es gut, schnell zu sein. Aber wenn ich Ostern vor Schnelligkeit die Eier verliere, dann wäre es besser, langsam zu sein.

So gingen der *große Hase* und *der kleine Hase* schließlich zum *Pferd*. „Wahrscheinlich hast du recht. Mal ist es gut, groß zu sein, und mal ist es gut, schnell zu sein. Aber was ist denn nun besser?", wollten sie vom *Pferd* wissen.

Das *Pferd* antwortete: „Am besten ist es, wenn der schnelle *kleine Hase* die Verstecke für die Ostereier auskundschaftet, weil er schnell vor dem Hofhund flüchten kann, und wenn dann der starke *große Hase* die Eier heil in die Verstecke bringt." Der *kleine Hase* und der *große Hase* sahen das *Pferd* verwundert an. Dann nickten sie mit ihren Köpfen. Und von diesem Tag an war der Streit der beiden Hasen beendet und sie arbeiteten erfolgreich zusammen.

FRÜHLING

Eine Hunderunde (1)

Benötigte Instrumente: Becken, Klangfrosch, Klanghölzer, Lotosflöte, Regenstab, Röhrenholztrommel, Schellenkranz, Xylofon

Ich erzähle euch heute die Geschichte von einem aufregenden Hundespaziergang.

🔔 *Das Kind schlägt 5 Mal mit den **Klanghölzern** aufeinander.*

Ein kleiner Hund mit Namen Tapsi geht jeden Tag mit seinem Herrchen Gassi. Spazierengehen ist gesund für das Herrchen und für ihn. Auch heute gehen sie wieder zusammen los und Tapsi läuft artig an der Leine.

🔔 *Das Kind schlägt 3 Mal pro Seite auf eine **Röhrenholztrommel**.*

Sie gehen den Bürgersteig entlang und kommen dabei an vielen Zäunen vorbei. Hinter einem der Zäune steht ein fremder Hund und bellt Tapsi an.

🔔 *Das Kind spielt eine tiefe Tonfolge auf dem **Xylofon**.*

Da bellt Tapsi aber zurück. Er beginnt, wild an der Leine zu zerren und vor dem Zaun auf und ab zu laufen. Doch allmählich beruhigt sich Tapsi wieder und der Spaziergang kann weitergehen.

🔔 *Das Kind schlägt 5 Mal mit den **Klanghölzern** aufeinander.*

Nun kommen Tapsi und sein Herrchen an einer großen Wiese mit einigen Bäumen vorbei. Hier gefällt es Tapsi immer sehr gut und er muss erst einmal einige der Bäume mit seinem Duft markieren.

🔔 *Das Kind dreht 3 Mal einen **Regenstab**.*

Hinter der Wiese liegt ein kleiner Tümpel und um den Tümpel herum leben zahlreiche Frösche. Jetzt kommt Tapsi von der Leine los, scheucht die quakenden Frösche auf und läuft hinter ihnen her.

🔔 *Das Kind zieht 3 Mal einen Stab über einen **Klangfrosch**.*

FRÜHLING

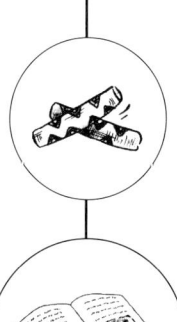

Eine Hunderunde (2)

Lustig ist das. Die Frösche hüpfen immer wieder weg und Tapsi verfolgt sie. So lange, bis alle Frösche in dem Tümpel gelandet sind und Tapsi mit einem Hops hinterherspringt.

🔔 *Das Kind klopft mit dem Schlägel auf ein **Becken**.*

So schwimmt Tapsi nun in dem kleinen Tümpel umher, kommt dann aber schnell wieder aus dem kalten Wasser heraus und schüttelt zitternd das nasse Fell aus.

🔔 *Das Kind schlägt 3 Mal pro Seite auf eine **Röhrenholztrommel**.*

Brr! Nach so einer Abkühlung muss Tapsi sich ordentlich warmrennen. Er tobt quer über die Wiese und scheucht dabei einige pickende Vögel von der Erde auf. Aufgeregt zwitschernd fliegen sie davon.

🔔 *Das Kind spielt auf einer **Lotosflöte**.*

Eine ganze Weile flitzt Tapsi also über die Wiese und tobt sich dabei so richtig aus. Doch jetzt beginnt es allmählich zu regnen und nun wird auch Tapsis Herrchen völlig durchnässt.

🔔 *Das Kind dreht 3 Mal einen **Regenstab**.*

Deshalb gehen jetzt Tapsi und sein Herrchen zurück nach Hause. Dabei führt sie ihr Weg wieder an dem kräftig bellenden Nachbarshund vorbei.

🔔 *Das Kind spielt eine tiefe Tonfolge auf dem **Xylofon**.*

Aber dieses Mal bellt Tapsi nur kurz zurück, denn schon von weitem sieht Tapsi die Tür seines Hauses und läuft schwanzwedelnd darauf zu.

🔔 *Das Kind schlägt 3 Mal mit einem **Schellenkranz**.*

FRÜHLING

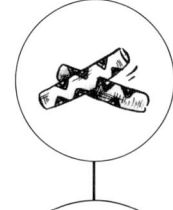

Minka auf dem Bauernhof (1)

Benötigte Instrumente: Fingerzimbeln, Klanghölzer, Rahmentrommel, Rassel, Röhrenholztrommel, Schellenkranz

Ich erzähle euch heute die Geschichte von einem kleinen, neugierigen Kätzchen namens Minka.

🔔 *Das Kind klopft mit den Fingerspitzen auf eine **Rahmentrommel.***

Minka lebt in der Scheune auf einem kleinen Bauernhof. Dort hat es sich ihre Mutter in einem Strohhaufen bequem gemacht und ihre Jungen zur Welt gebracht. Nun tobt Minka jeden Tag mit ihren Geschwistern durch das Stroh.

🔔 *Das Kind macht Geräusche mit einer **Rassel.***

Trotz der Warnungen ihrer Katzenmutter zieht Minka eines Tages los, um den Bauernhof kennenzulernen. Bisher hat sie immer nur im Stroh in der Scheune gespielt. Sie schleicht aus der Scheune hinaus und quer über den großen Hof.

🔔 *Das Kind klopft mit den Fingerspitzen auf eine **Rahmentrommel.***

Große Augen bekommt das kleine Kätzchen. Die Sonne scheint und alles auf dem Hof leuchtet. Plötzlich erscheint ein bunter, kleiner Schmetterling und flattert herum.

🔔 *Das Kind schlägt 3 Mal mit einem **Schellenkranz.***

Minka springt ihm hinterher und verfolgt ihn. Mit einem Mal setzt sich der Schmetterling auf ihre kleine Katzennase. Da bekommt Minka einen großen Schreck und läuft schnell davon.

🔔 *Das Kind schlägt einen schnellen Rhythmus mit den **Klanghölzern.***

FRÜHLING

Minka auf dem Bauernhof (2)

Dabei kommt sie am Hühnerstall vorbei. Vorsichtig steckt sie ihr kleines Köpfchen hinein und schaut neugierig um sich. Aber Minka wird von den Hühnern bemerkt und sie beginnen aufgeregt zu gackern und durch den Stall zu flattern.

🔔 *Das Kind schlägt 3 Mal mit den **Fingerzimbeln**.*

Da bekommt Minka einen großen Schreck und läuft schnell davon.

🔔 *Das Kind schlägt einen schnellen Rhythmus mit **Klanghölzern**.*

Nun führt ihr Weg direkt zum Pferdestall. Sie huscht hinein und läuft zwischen den Beinen der Pferde hindurch. Dadurch beginnen die Pferde unruhig zu werden und mit ihren Hufen zu treten.

🔔 *Das Kind schlägt 3 Mal pro Seite auf eine **Röhrenholztrommel**.*

Da bekommt Minka einen großen Schreck und läuft schnell davon.

🔔 *Das Kind schlägt einen schnellen Rhythmus mit **Klanghölzern**.*

Wieder erkundet Minka den Bauernhof. Dabei läuft sie dem Hofhund genau vor die Hundehütte. Wütend knurrt der alte Hund, läuft Minka nach und zieht schließlich bellend an seiner Kette, dass es über den ganzen Hof zu hören ist.

🔔 *Das Kind reibt die Flächen der **Fingerzimbeln** aneinander.*

Nun läuft Minka ängstlich zurück in die Scheune und schleicht sich hinein in ihr Katzenversteck. Wenn du ganz genau aufpasst, dann kannst du sie leise rascheln hören.

🔔 *Das Kind macht leise Geräusche mit einer **Rassel**.*

FRÜHLING

Wassernixengeschichte (1)

Benötigte Materialien: Eimer, Glas, Kelle, Schüssel, Steinchen, Strohhalm, Wasser

Ich erzähle euch heute die Geschichte von den kleinen, scheuen Wassernixen.

In dem langen Fluss am Rande einer Stadt lebten schon vor langer Zeit kleine Wassernixen. Kaum jemand hat sie jedoch zu Gesicht bekommen, denn sie sind sehr scheu. Häufig sah man nur das Wasser im Fluss durch die Bewegung ihrer Schwanzflossen emporspritzen.

🔔 *Die Kinder **gießen** das **Wasser** mit einer **Kelle** aus einem großen **Eimer** in ein **Glas**.*

Nur ganz selten, wenn man sehr leise war und geduldig am Rande des Ufers ausharren konnte, blickten sie einen aus klaren blauen Augen an. Wunderschöne, leuchtende Augen, die aus dem sich bewegenden Wasser sahen.

🔔 *Die Kinder **pusten** in das mit Wasser gefüllte Glas, bis sich das Wasser kräuselt.*

Im Frühling schwammen sie hinauf an die Wasseroberfläche, um sich ihre Haut und ihre Schuppen von den ersten Sonnenstrahlen wärmen zu lassen. Und nur, wenn sie sich völlig unbeobachtet fühlten, tobten sie ausgelassen im Wasser herum.

🔔 *Die Kinder **gießen** das Wasser von oben vorsichtig aus dem Glas in eine **Schüssel**.*

Sie spielten Fangen und Verstecken, sie sprangen und schwammen und hatten jede Menge Spaß. Sie neckten die Fische und fingen die Frühlingsregentropfen ein. Dabei spritzte das Wasser nach allen Seiten und die Wasseroberfläche wogte umher, als wenn ein großer Sturm darüber hinwegzöge.

🔔 *Die Kinder **planschen** mit einer Hand in der mit Wasser gefüllten Schüssel.*

FRÜHLING

Wassernixengeschichte (2)

Doch sobald sich eine menschliche Stimme näherte, verschwanden die Nixen sofort in den Tiefen des Flussbettes. Dort in dem Schlamm konnten sie nämlich nicht gesehen werden. Nicht einmal die Steine, die häufig ins Wasser geworfen wurden, konnten ihnen hier unten etwas anhaben.

🔔 *Die Kinder **werfen** mit einer Hand kleine **Steinchen** in die mit Wasser gefüllte Schüssel.*

Einigen wenigen Menschen gelang es jedoch, das Vertrauen der Nixen zu gewinnen. Sie halfen dem Menschen dann bei seinen Nöten und Sorgen. Sie verschafften ihm kleine Reichtümer aus den Tiefen des Flusses oder begossen ihn mit einem speziellen Nixensaft.

🔔 *Die Kinder **schöpfen** Wasser mit einer **Kelle** und **gießen** es dann vorsichtig in die Schüssel zurück.*

Viele Jahre lebten die Nixen so glücklich und unbeschwert vor sich hin. Doch eines Tages verbreitete sich unter den Menschen das Gerücht, dass der Nixensaft Glück bringe und den Menschen zu ungeahnten Fähigkeiten verhelfen könne. Sie begannen die Nixen zu jagen.

🔔 *Die Kinder **blasen** mit dem **Strohhalm** in die mit Wasser gefüllte Schüssel, bis es blubbert.*

Das war eine schwere Zeit für die kleinen Wassernixen und sie wurden noch scheuer als zuvor. Schon lange hat kein Mensch mehr eine Nixe zu Gesicht bekommen. Nur manchmal, wenn sich die Wasseroberfläche zu kräuseln beginnt, erinnert sich jemand an die alten Märchen und Sagen.

🔔 *Die Kinder **pusten** in die mit Wasser gefüllte Schüssel, bis sich das Wasser kräuselt.*

FRÜHLING

Am Strand (1)

Bei diesem Gedicht sollten die Kinder in einem Stuhlkreis sitzen.

Ich erzähl euch heut eine Geschichte
und hoffe, ihr mögt auch dies Gedichte.

Denn wir gehen an den Strand,   🔔 *Die Kinder **patschen** gleich-
patschen da im warmen Sand.   zeitig 5 Mal mit den Händen
    auf ihre **Oberschenkel.***

Die Freude ist bei allen groß,   🔔 *Die Kinder **patschen** (eine
wir klopfen uns auf uns'ren Schoß.   Runde) mit der rechten Hand
    nicht zu fest auf den **Ober-
    schenkel ihres Nachbarn.***

Wir werfen uns're Angeln aus,   🔔 *Die Kinder erzeugen mit dem
das gibt 'nen leck'ren Abendschmaus.   **Mund** einen langgezogenen
    „Hm"-Laut.*

Jetzt hört doch alle einmal her,   🔔 *Die Kind **erzeugen** mit ihrem
wir schwimmen raus ins weite Meer.   **Mund** rauschende Töne.*

Und wie wir so ins Wasser patschen,   🔔 *Die Kinder **klatschen** gleich-
hört man die Wellen um uns klatschen.   zeitig 5 Mal in ihre **Hände**.*

Nun watscheln wir im Entengang,   🔔 *Die Kinder **patschen** ab-
nach Muscheln suchend, den Strand   wechselnd 5 Mal mit den
entlang.   Händen auf den **Boden.***

Die Möwen krächzen uns ein Lied,   🔔 *Die Kinder **pfeifen** mit
man hört sie, ehe man sie sieht.   ihrem **Mund** eine kleine
    Melodie.*

S O M M E R

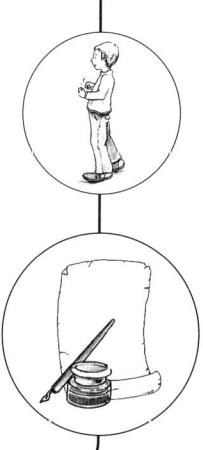

Am Strand (2)

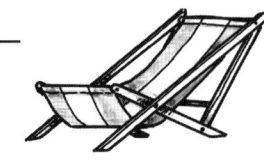

Im heißen Sand kann man nicht steh'n,
wir tippeln schnell mit uns'ren Zeh'n.

🔔 *Die Kinder **tippeln** abwechselnd mit ihren Füßen / Zehen auf dem **Boden.***

Jetzt holen wir 'nen Ball hervor
und schießen auf ein Fußballtor.

🔔 *Die Kinder **rufen** mit dem **Mund** laut „Tor, Tor".*

Zur Erfrischung gibt es einen Saft,
der bringt uns wieder unsere Kraft.

🔔 *Die Kinder **schlürfen** ausdauernd mit ihrem **Mund**.*

Nun spiel'n wir Boccia miteinander,
die Kugeln klacken aneinander.

🔔 *Die Kinder **schnalzen** mehrmals mit ihrer **Zunge**.*

Auch Volleyball macht großen Spaß,
die Freudensprünge zeigen das.

🔔 *Die Kinder **trampeln** gleichzeitig mit ihren Füßen auf den **Boden**.*

Wir rollen auf die Angelleine,
Fische haben wir leider keine.

🔔 *Die Kinder **erzeugen** mit ihrem **Mund** einen langgezogenen „S"-Laut.*

Am Strand, da bleibt die Zeit wohl steh'n,
doch nun ist's Zeit, nach Haus zu geh'n.

🔔 *Die Kinder **stampfen** abwechselnd mit ihren Füßen auf den **Boden**.*

SOMMER

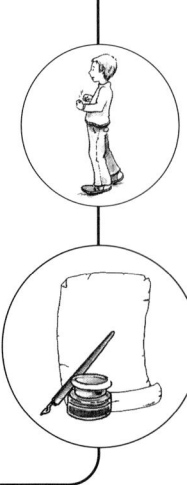

Die aufgeregte Eisenbahn (1)

Körpereigene Instrumente:
kleine Eisenbahn: Die Kinder **klatschen** 5 Mal an die Seiten ihrer **Oberschenkel**.
Pfeife, pfiff, pfeifend: Die Kinder machen pfeifende **Geräusche** mit dem **Mund**.

Als zusätzliche Schwierigkeit:
*Bei dieser Geschichte sollen die Kinder die verschiedenen Worte der Wortfamilie „pfeifen"
erkennen und diese dann akustisch illustrieren. Sollte diese Aufgabe für Ihre Kinder noch zu
schwierig sein, so belassen Sie es einfach bei der kleinen Eisenbahn.*

Ich erzähle euch heute die Geschichte von einer **kleinen Eisenbahn**.

Über Nacht stand die **kleine Eisenbahn** in ihrem Lok-Schuppen und ruhte sich aus, denn am nächsten Morgen sollte sie auf eine große Reise gehen. Schon Tage zuvor war die **kleine Eisenbahn** gründlich gereinigt worden. Die Fenster wurden geputzt, die Sitze gesäubert, kleinere Reparaturen vorgenommen und die **Pfeife** wurde gereinigt.

Auch von außen wurde die **kleine Eisenbahn** ordentlich abgeschrubbt.
Unter dem ganzen Staub kam ein leuchtendes Grün zum Vorschein. So erstrahlte sie nun in ihrem vollen Glanz.

Stolz stand die **kleine Eisenbahn** da in ihrem Lok-Schuppen und wartete auf den Beginn des nächsten Tages. Die Sommerferien begannen gerade und viele Ferienkinder wollten mit ihren Eltern mit der **kleinen Eisenbahn** verreisen.

Als am Morgen die Sonne aufging und die Welt draußen hell und heller wurde, **pfiff** die **kleine Eisenbahn** schon mal probehalber vor sich hin. Verschlafen blickten die anderen Züge in dem Lok-Schuppen um sich. Was war das?

Einige Züge waren die ganze Nacht hindurch unterwegs gewesen und mussten sich jetzt ausruhen, andere Züge waren schon ziemlich alt und brauchten ebenfalls ihre Ruhe. Doch sie alle verstanden die **kleine Eisenbahn** und ihre Aufregung. Schließlich würde dies ihre erste Ferienfahrt werden.

SOMMER

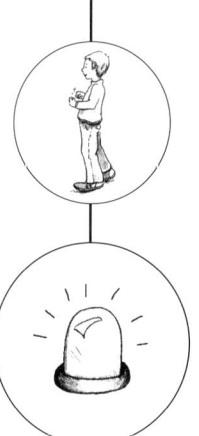

Die aufgeregte Eisenbahn (2)

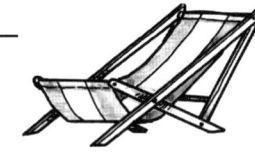

Endlich konnte es losgehen. **Pfeifend** fuhr die **kleine Eisenbahn** aus ihrem Lok-Schuppen heraus und hinüber zu den Bahnsteigen. Dort standen schon viele Fahrgäste: große und kleine Kinder, Eltern und Großeltern. Alle hatten reichlich Gepäck dabei. Da hatte **die kleine Eisenbahn** ordentlich etwas zu transportieren.

Vorsichtig fuhr sie nun zu dem richtigen Bahnsteig, hielt an der Bahnsteigkante an und ließ die Fahrgäste einsteigen. Inmitten der Menschen stand ein kleiner, neugieriger Junge. Er **pfiff** laut vor sich hin, lief dann aufgeregt den Bahnsteig auf und ab und bestaunte die **kleine Eisenbahn.**

Die Mutter schüttelte nur lächelnd den Kopf und erklärte den umstehenden Leuten, dass es die erste Zugreise des Jungen werden würde. „Wie bei mir", freute sich die **kleine Eisenbahn** und musste daran denken, dass sie am Morgen mit ihrem **Gepfeife** die älteren Züge wahrscheinlich genauso gestört hatte wie der kleine Junge jetzt die älteren Menschen.

Doch zum Glück hatten die Züge und auch die Menschen Verständnis dafür, denn solche Dinge erlebte man ja nicht alle Tage zum ersten Mal. Und so **pfiffen** schließlich die **kleine Eisenbahn** und der kleine Junge gemeinsam und die spannende Ferienreise konnte losgehen.

SOMMER

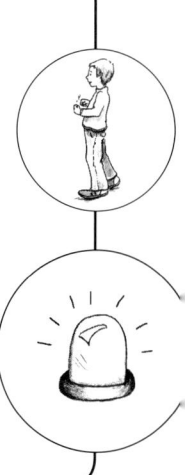

Die Tiere am Teich (1)

Benötigte Instrumente: Klangfrosch, Klanghölzer, Klangspiel, Rahmentrommel, Schellenkranz

Ich erzähle euch heute die Geschichte von ein paar Tieren an einem Teich.

🔔 *Das Kind macht Geräusche mit einem **Schellenkranz**.*

Es wohnen nämlich viele kleine und große Tiere am Teich und im Teich. Auch wenn du sie oftmals überhaupt nicht zu Gesicht bekommst, so sind sie doch da, denn sie verstecken sich vor den lauten Geräuschen der Menschen.

🔔 *Das Kind klopft mit dem Schlägel auf eine **Rahmentrommel**.*

Wenn du ganz leise bist, kannst du auf den Seerosen Frösche sitzen sehen. Sie warten auf Fliegen und Mücken, denn das ist ihre Nahrung. Gleichzeitig singt der Chor der Frösche ein Quaklied.

🔔 *Das Kind zieht 3 Mal einen Stab über einen **Klangfrosch**.*

An das Ufer kommt eine Entenfamilie gewatschelt. Sie will auf dem Teich schwimmen üben. Mutter Ente watschelt voran und ihr folgen eins–zwei–drei–vier–fünf kleine Entenküken.

🔔 *Das Kind schlägt einen Rhythmus mit **Klanghölzern**.*

Im Wasser dreht ein kleiner Fischschwarm seine Runden, man sieht die Schuppen im Sonnenlicht leuchten. Die Fische suchen etwas zu fressen, bemerken aber die ins Wasser watschelnde Entenfamilie und schwimmen schnell davon.

🔔 *Das Kind zieht den Schlägel über ein **Klangspiel**.*

Die quakenden Frösche haben die Enten wohl noch nicht bemerkt. Sie sitzen weiter draußen auf ihren Seerosenblättern, fangen ab und an mit ihren langen Zungen eine Fliege, schlucken sie hinunter und quaken weiter.

🔔 *Das Kind zieht 3 Mal einen Stab über einen **Klangfrosch**.*

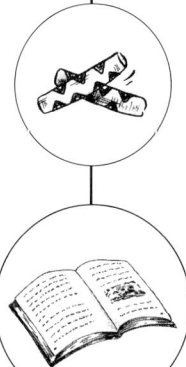

SOMMER

Die Tiere am Teich (2)

Jetzt sind alle Entlein im Wasser und beginnen zu schwimmen. Zuerst paddeln sie noch etwas in Ufernähe, doch schon bald geht ihre Reise hinaus zur Mitte des Teiches. Mutter Ente schwimmt voraus und ihr folgen die eins–zwei–drei–vier–fünf kleinen Entenküken.

🔔 *Das Kind schlägt einen Rhythmus mit Klanghölzern.*

Laut schnatternd schwimmen sie über den See. So laut, dass es über das Wasser nach allen Seiten hin zu hören ist. Die Frösche springen eilig von ihren Seerosenblättern ins Wasser hinein. Doch die fröhliche Entenfamilie lässt sich bei ihrem Krach nicht stören.

🔔 *Das Kind klopft mit dem Schlägel auf eine* **Rahmentrommel.**

Nun beginnt es im Schilf am Teichrand zu rascheln und schon bald darauf erscheint ein Schwan.
Eine Schwanenfamilie hat nun ebenfalls Lust bekommen, in dem Teich zu schwimmen. Sie schwimmen den schnatternden Enten hinterher.

🔔 *Das Kind zieht den Schlägel über ein* **Klangspiel.**

Wie bei einem Wettlauf folgen die Schwäne den Enten. Wer wohl gewinnen wird? Die schnellen, majestätischen Schwäne oder die fröhliche Entenfamilie?

🔔 *Das Kind macht Geräusche mit einem* **Schellenkranz.**

(Gerne können Sie diese Geschichte nun mit Ihren Kindern weitererzählen und ein eigenes Ende finden. Die Kinder können die Geschichte weiterhin mit Geräuschen illustrieren.)

SOMMER

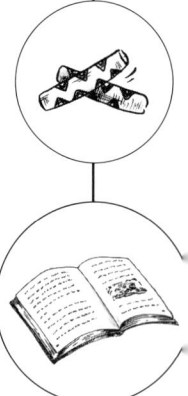

Ein lauer Sommerabend (1)

Benötigte Instrumente: Rahmentrommel, Rassel, Regenstab, Rührtrommel, Klangspiel

Ich erzähle euch heute die Geschichte von einem lauen Sommerabend.

🔔 *Das Kind reibt mit einer Handfläche über eine **Rahmentrommel**.*

Die Sonne scheint noch durch die Spitzen der hohen Bäume hindurch. Noch ist es nicht ganz dunkel. Schummrig liegt das restliche Sonnenlicht über der Erde und taucht sie in angenehm weiche, orange Töne.

🔔 *Das Kind dreht 3 Mal eine Kugel oder einen Schlägel in einer **Rührtrommel**.*

Eine leichte Brise weht durch die Bäume hindurch, bis hin zu der Veranda eines Hauses. An einem Balken hängt dort ein kleines Klangspiel. Durch den leichten Wind angestoßen, gibt es nun liebliche Töne von sich.

🔔 *Das Kind zieht den Schlägel über ein **Klangspiel**.*

Auf der Veranda steht ein großes Windlicht. Darin befindet sich eine Kerze, die durch den Wind zwar nicht ausgeblasen wird, aber die Flamme flackert und tanzt in dem Glas.

🔔 *Das Kind macht leise Geräusche mit einer **Rassel**.*

Neben dem Windlicht steht ein Schaukelstuhl. Darauf sitzt ein Kind und liest in einem dicken Buch. Dabei bewegt es sich langsam mit dem Schaukelstuhl vor und wieder zurück, vor und wieder zurück.

🔔 *Das Kind dreht 3 Mal einen **Regenstab**.*

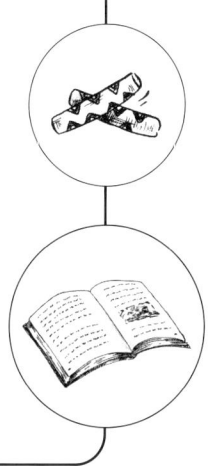

Ein lauer Sommerabend (2)

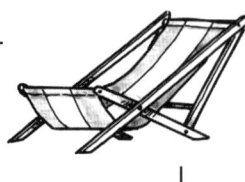

Herrlich ruhig und entspannend ist es hier. Die Umgebung hat noch die Wärme des Tages gespeichert. Das schummerige Sonnenlicht, die flackernde Kerze und der leichte Wind, der noch immer durch die Stäbe des Klangspiels hindurchweht, beruhigen zusätzlich.

🔔 *Das Kind zieht den Schlägel über ein **Klangspiel**.*

In der Ferne schwirren die ersten Glühwürmchen herum und man kann leise die Tiere der Umgebung hören. Die Frösche quaken um die Wette, einige nimmermüde Bienen summen noch herum und auch die Grillen zirpen ihr Lied.

🔔 *Das Kind macht leise Geräusche mit einer **Rassel**.*

Inzwischen ist es schon sehr spät geworden. Allmählich verfärbt sich die Erde immer mehr von einem warmen Orange zu einem dunklen Rot. Die Sonne hat ihre Tagesreise fast vollbracht und beginnt nun unterzugehen.

🔔 *Das Kind dreht 3 Mal eine Kugel oder einen Schlägel in einer **Rührtrommel**.*

Mit dem Untergehen der Sonne wird der Wind etwas stärker. Er bläst einmal über die Veranda, dann über die Wiesen und auch durch die Blätter der umstehenden Bäume. Dabei rascheln sie leise vor sich hin.

🔔 *Das Kind dreht 3 Mal einen **Regenstab**.*

Nun ist es für das lesende Kind an der Zeit, ins Bett zu gehen. Müde reibt es sich die Augen, steht von seinem gemütlichen Schaukelstuhl auf und geht ins erleuchtete Haus hinein. Dort legt es sich in sein Bett und träumt einen schönen Traum.

🔔 *Das Kind reibt mit einer Handfläche über eine **Rahmentrommel**.*

SOMMER

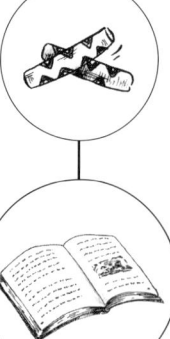

Die Vogelscheuche im Kirschbaum (1)

Benötigte Naturmaterialien:

Vogelscheuche: Das Kind raschelt mit **Stroh**.
Stare: Das Kind pfeift mit dem Mund in einen **Strohhalm**.
(Hierfür wird das Ende eines Strohhalms flachgedrückt und dann mit der Schere in eine längliche Dreiecksform geschnitten. Ihr könnt auch Löcher in den Halm piksen.) Die Kinder können auch nur mit dem Mund pfeifen.
Kirschbaum: Das Kind klopft mit **Stöckchen**.

S O M M E R

Ich erzähle euch heute die Geschichte von der **Vogelscheuche** im **Kirschbaum**.

Jedes Jahr, wenn die Kirschen zu reifen beginnen, wird die alte **Vogelscheuche** wieder hervorgeholt und in den **Kirschbaum** gehängt. Vor vielen Jahren wurde sie einmal aus einem Bund Stroh und allerlei bunten Kleidungsstücken zusammengebastelt. Nun sieht sie schon ziemlich abgenutzt aus, doch sie tut noch ihren Dienst.

Die **Vogelscheuche** hing bisher hoch oben im Baum, um alle Vögel fernzuhalten, vor allem aber die gefräßigen **Stare. Kirschen** sind jedoch eine Lieblingsspeise für die **Stare** und so kamen sie regelmäßig jedes Jahr wieder zu dem großen, wunderschönen **Kirschbaum.**

Mit der Zeit hatte es die **Vogelscheuche** allerdings satt, in dem Baum zu hängen und alle zu verscheuchen. Lieber hätte sie ein paar Freunde oder Bekannte zum Plaudern gehabt. Sie hatte es satt, die **Stare** zu erschrecken, lieber wollte sie nett zu ihnen sein.

Nun hängt die **Vogelscheuche** also wieder an ihrem Platz im **Kirschbaum.** Doch die **Stare** wollen keine Freundschaft mit ihr schließen. Die **Vogelscheuche** hat sie in den letzten Jahren zu sehr erschreckt. Traurig lässt die **Vogelscheuche** daraufhin den Kopf hängen. So schön hatte sie es sich ausgedacht. All die langen Monate im Winter in der Scheune hatte sie von ihren neuen Freunden, den **Staren**, geträumt und davon, wie unterhaltsam es mit ihnen oben in den Ästen des **Kirschbaumes** sein würde. Aber niemand schließt Freundschaft mit ihr. Die **Vogelscheuche** hängt noch immer einsam an ihrem Platz.

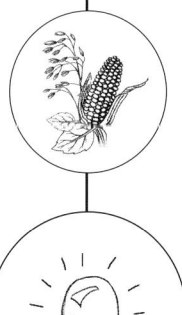

Die Vogelscheuche im Kirschbaum (2)

Doch mit einem Mal kommt ein kleiner, neugieriger Jungvogel herangeflogen. Er setzt sich auf einen Ast des **Kirschbaumes** und hüpft immer näher an die unglückliche **Vogelscheuche** heran. Ein wenig von dem alten Stroh rieselt heraus, als die **Vogelscheuche** ihren Kopf anhebt und zu dem kleinen **Star** hochsieht.

Beide schauen sich lange an und beginnen plötzlich zu lächeln. Mutiger hüpft der **Star** noch näher heran. So dicht, dass er der **Vogelscheuche** auf die Schulter picken kann. Und dann piepst er etwas Wunderbares. „Willst du mein Freund sein?", fragt der kleine **Star** die große, unglückliche **Vogelscheuche.**

„Aber gerne, natürlich, ja!" Endlich hatte sie einen Freund, mit dem sie reden konnte. Freudig sagt die **Vogelscheuche** zu. Ein Freund, wie wundervoll! Auch der kleine **Star** kann sein Glück kaum fassen. Ein Freund, wie wundervoll!

Und seit diesem Tag sitzen die beiden Freunde hoch oben in den Ästen des **Kirschbaumes** und erzählen und lachen und piepsen, dass es durch den ganzen Garten zu hören ist.

SOMMER

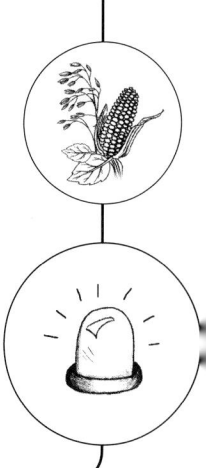

Unter dem Meer (1)

Benötigte Instrumente: Klangspiel, Rahmentrommel, Röhrenholztrommel, Schellenkranz, Xylofon

Ich erzähle euch heute die Geschichte von einem kleinen Fisch namens Fridolin.

🔔 *Das Kind zieht den Schlägel 3 Mal über ein **Klangspiel.***

Fridolin lebt weit entfernt in einem großen Korallenriff, im „Great Barrier Reef" vor der Küste Australiens. Dort ist es wunderschön und herrlich warm. Deshalb schwimmt Fridolin den ganzen Tag lang fröhlich vor sich hin.

🔔 *Das Kind macht Geräusche mit einem **Schellenkranz.***

Fridolin ist ein kleiner, leuchtender Papageienfisch. Er kann sich auch prima zwischen den vielen, bunten Korallen verstecken. Häufig tobt Fridolin mit den anderen Fischkindern im Schwarm herum.

🔔 *Das Kind spielt eine helle Tonfolge auf dem **Xylofon.***

Heute besucht Fridolin jedoch die anderen Lebewesen im Riff. Als Erstes weidet er noch etwas von der niedrigen Pflanzendecke ab, dann schwimmt er hinüber zu den Anemonen, um ein wenig mit ihnen zu plaudern.

🔔 *Das Kind zieht den Schlägel 3 Mal über ein **Klangspiel.***

Anschließend schwimmt er hinüber zu den Muscheln. Viele große Muscheln leben hier und einige davon sind schon sehr alt. Deshalb wissen sie vieles von früher und so hört Fridolin den Muscheln gerne beim Erzählen zu.

🔔 *Das Kind schlägt 3 Mal pro Seite auf eine **Röhrenholztrommel.***

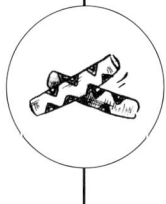

S O M M E R

Unter dem Meer (2)

Gebannt hört Fridolin heute einer alten Muschel zu. Was es so alles gegeben haben soll, wundert er sich. Von der spannenden Geschichte angelockt, kommt ein kleines Seepferdchen herangeschwommen und möchte auch zuhören.

🔔 *Das Kind klopft mit den Fingerspitzen auf eine **Rahmentrommel.***

Immer mehr Zuhörer kommen im Laufe der Geschichte angeschwommen. Die alte Muschel erzählt von einem furchtbaren Unglück am Riff. Öl aus einem der großen Tanker der Menschen verschmutzte das Wasser und viele Lebewesen drohten zu sterben.

🔔 *Das Kind klopft 3 Mal mit dem Schlägel auf eine **Rahmentrommel.***

Einige der älteren Lebewesen können sich noch gut daran erinnern. Schlecht hatten sie es damals und nur mit Hilfe einiger anderer fleißiger Menschen konnte ihr Lebensraum gerettet werden. Welch ein Glück für Fridolin und seine Freunde.

🔔 *Das Kind macht Geräusche mit einem **Schellenkranz.***

Sie bleiben noch lange und erzählen mit den alten Muscheln. Alle, die gekommen sind, freuen sich darüber, wie gut es ihnen jetzt geht. Sie hoffen, dass es noch lange so bleibt. Schließlich verabschiedet sich Fridolin von den Muscheln.

🔔 *Das Kind schlägt 3 Mal pro Seite auf eine **Röhrenholztrommel.***

Es ist schon sehr spät geworden und nun schwimmen Fridolin und seine Fischfreunde nach Hause zu ihren Eltern.

🔔 *Das Kind spielt eine helle Tonfolge auf dem **Xylofon.***

SOMMER

Am Kartoffelfeuer (1)

Jeder dieser Bewegungsabläufe sollte insgesamt 3 Mal wiederholt werden. Steht also im Text die Anweisung „5 Mal auf den Boden patschen", so patschen die Kinder 5 Mal – Pause – 5 Mal – Pause – 5 Mal.

Ich erzähle euch heute die Geschichte von dem Brauch des Kartoffelfeuers.

🔔 *Die Kinder **stampfen** mit ihren **Füßen** abwechselnd je 5 Mal auf den Boden.*

Jetzt im Herbst kommt die Zeit der Kartoffelernte. In früheren Jahren, als die Kinder noch fleißig auf den Feldern ihrer Eltern helfen mussten, wurden die Herbstferien deshalb auch „Kartoffelferien" genannt.

🔔 *Die Kinder **patschen** mit ihren **Händen** gleichzeitig 5 Mal schnell auf den Boden.*

Nach der harten Feldarbeit wurde dann am Abend ein großes Kartoffelfeuer angezündet. Buschwerk und Stöcke wurden zusammen aufgeschichtet und angezündet. Nach einer Weile begann nun das Holz zu brennen und Flammen loderten empor.

🔔 *Die Kinder **patschen** sich mit den **Händen** gleichzeitig 5 Mal langsam auf ihre Oberschenkel.*

Es knisterte und knackte. Da es im Herbst schon ziemlich kühl war, konnten sich die fleißigen Kartoffelernter am Feuer aufwärmen. Sie warteten, bis das Holz genügend durchgeglüht war und sie einige der Kartoffeln in die Glut legen konnten.

🔔 *Die Kinder **klatschen** gleichzeitig 5 Mal in ihre **Hände.***

Nachdem die Kartoffeln gut durchgegart waren, wurden sie mit Stöcken aus der Glut hervorgeholt und konnten vorsichtig gegessen werden. Das war eine willkommene Stärkung nach einem harten Arbeitstag auf dem Feld.

🔔 *Die Kinder **klopfen** sich mit einer **Hand** 5 Mal schnell auf ihren Bauch.*

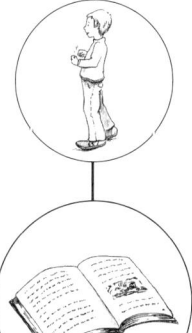

HERBST

Am Kartoffelfeuer (2)

Doch woher kommt nun der Brauch des Kartoffelfeuers ursprünglich? Wahrscheinlich hängt er damit zusammen, dass zu Beginn des Kartoffelanbaus in Deutschland die Bauern oft viele Kilometer vom heimischen Herd entfernt auf den Feldern arbeiten mussten.

🔔 *Die Kinder **patschen** mit ihren **Händen** gleichzeitig 5 Mal schnell auf den Boden.*

Da damals jedoch die Arbeitstage länger und härter waren als heute, brauchten die Feldarbeiter eine warme Mahlzeit. Ohne Herd ließ sich das Essen auf dem Feld aber nur über dem offenen Feuer zubereiten.

🔔 *Die Kinder **patschen** mit ihren **Händen** gleichzeitig 5 Mal langsam auf ihre Oberschenkel.*

Ob nun der Zufall eine Kartoffel in das Feuer brachte, die dann gefunden und gegessen wurde, oder ob ein kluger Bauer eine Kartoffel in die Glut geworfen hat, um auszuprobieren, ob man die Kartoffel garen kann, ist heutzutage nicht mehr zu klären.

🔔 *Die Kinder **stampfen** mit ihren **Füßen** abwechselnd je 5 Mal auf den Boden.*

Wichtig für uns ist aber, dass wir wissen, dass im Herbst die Zeit der Kartoffelernte und des Kartoffelfeuers ist. Zum Glück brauchen die Feldarbeiter in unserer Zeit nicht mehr so schwer zu arbeiten, denn sie haben große Maschinen, die ihnen bei der Arbeit helfen. Trotzdem können wir noch immer die frisch gegarten Kartoffeln aus einem selbst gemachten Kartoffelfeuer essen.

🔔 *Die Kinder **klatschen** gleichzeitig 5 Mal in ihre **Hände.***

HERBST

Das kleine Gespenst (1)

Benötigte Instrumente:
Gespenst: Das Kind spielt auf einer **Lotosflöte.**
Willibald: Das Kind dreht 3 Mal einen **Regenstab.**
Billy: Das Kind dreht eine Kugel oder einen Schlägel in einer **Rührtrommel.**

Die Namensähnlichkeit von Billy und Willibald ist bewusst gewählt worden. Sollten Ihre Kinder damit Probleme haben, so können Sie auch gerne Namen verwenden, die einfacher zu unterscheiden sind.

H
E
R
B
S
T

Ich erzähle euch heute die Geschichte von dem kleinen **Gespenst Willibald.**

Jedes Jahr im Herbst zogen viele verkleidete Kinder durch die Straßen und spielten **Gespenster. Willibald** fand das ungerecht. All die vielen, kleinen, unechten **Gespenster** zogen von Haus zu Haus und bekamen dafür auch noch Süßigkeiten geschenkt.

Aber wenn **Willibald** durch die Häuser zog, schlotterten den Menschen die Knie und niemand schenkte ihm etwas Süßes. Doch schon bald sollte sich das ändern.

Es war nämlich noch gar nicht lange her, da zog in das leere Haus am Straßenrand eine neue Familie mit einem Jungen ein. Der Junge hieß **Billy** und er liebte **Gespenster**geschichten. Jeden Abend ließ er sich von seinen Eltern eine Geschichte aus seinem dicken **Gespenster**buch vorlesen.

Und jeden Abend versteckte sich **Willibald** unter dem Bett von **Billy** und lauschte den Geschichten. Manchmal musste er leise vor sich hin lachen, weil da so viel Blödsinn über die **Gespenster** geschrieben stand.

Und an einem Abend war es dann so weit. **Willibald** musste über eine Geschichte so laut lachen, dass es durch das ganze Zimmer zu hören war. Erstaunt sah **Billy** unter sein Bett, von wo das Geräusch kam. Da saß doch tatsächlich ein echtes **Gespenst** mitten in seinem Zimmer und lachte und lachte. **Billy** war begeistert.

Das kleine Gespenst (2)

Und auch *Willibald* war begeistert. Ein echter Mensch, der nicht schreiend durch das Zimmer lief oder ihn verscheuchen wollte. Nur die Eltern von *Billy* schauten ziemlich erschrocken.

Aber *Willibald* war ein liebes, wohlerzogenes *Gespenst* und so stellte er sich höflich vor und schüttelte allen die Hand: *Billy*, der Mutter und dem Vater. Da sahen die Eltern dann schon wieder etwas beruhigter aus. So ein nettes *Gespenst!*

Nun spielten *Billy* und *Willibald* häufig miteinander. Am Abend bei der *Gespenster*geschichte saß *Willibald* mit auf dem Bett und erzählte anschließend vom wirklich wahren *Gespenster*leben. Und er erzählte von seinem großen Traum, ein Mal durch die Straßen ziehen zu können und an den Haustüren der fremden Leute Süßigkeiten zu bekommen.

Bald darauf kam der Halloween-Abend und die Kinder der Stadt verkleideten sich. Da kam *Billy* auf eine Idee. Wie wäre es wohl, wenn er *Willibald* einfach mitnehmen würde? Schließlich war es die Nacht der *Gespenster* und da sollte doch auch ein echtes *Gespenst* feiern dürfen.

Willibald war von der Idee begeistert. Und so gingen die beiden *Gespenster*, *Willibald,* das echte, und *Billy,* das unechte *Gespenst,* von Haus zu Haus und bekamen Süßigkeiten, eine Zahnbürste und sogar Obst geschenkt. Und an keiner Tür lief jemand erschrocken davon, stattdessen bestaunten alle das besonders gute Kostüm von *Willibald.*

H E R B S T

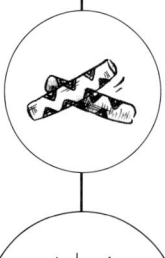

Das fleißige Eichhörnchen (1)

Benötigte Instrumente: Fingerzimbeln, Klanghölzer, Rahmentrommel, Xylofon

Ich erzähle euch heute die Geschichte von einem kleinen, fleißigen Eichhörnchen.	🔔 *Das Kind zieht den Schlägel vor und zurück über ein **Xylofon**.*
Das kleine Eichhörnchen lebt am Rande der Stadt, wo viele einzelne Häuser stehen. Hinter jedem der Häuser befindet sich ein Garten. In den Gärten wachsen Früchte, Beeren und Nussbäume. Hier fühlt sich das Eichhörnchen sehr wohl.	🔔 *Das Kind schlägt 3 Mal mit den **Fingerzimbeln**.*
In einem der alten, hohen Bäume hatte sich unser Eichhörnchen einen Kobel gebaut. So heißt das Nest der Eichhörnchen. Den ganzen Sommer über flitzte das Eichhörnchen in den Gärten umher und schlief nachts in dem Kobel.	🔔 *Das Kind reibt mit einer Handfläche über eine **Rahmentrommel**.*
Doch nun kommt der Herbst und es wird allmählich Zeit, einen Wintervorrat anzulegen. Die Ohrpinselhaare des Eichhörnchens sind schon gewachsen und täglich wird es kälter. So hüpft das fleißige Eichhörnchen los und beginnt Futter zu sammeln.	🔔 *Das Kind schlägt einen Rhythmus mit **Klanghölzern**.*
Es schaut erst einmal nach, ob seine Verstecke vom Vorjahr noch gut erhalten sind. Bei dem Versteck in dem hohlen Baum hinter einem der Gärten hat sich ein wenig Baumrinde gelöst, doch es eignet sich auch in diesem Jahr gut als Vorratslager für unser fleißiges Eichhörnchen.	🔔 *Das Kind zieht den Schlägel vor und zurück über ein **Xylofon**.*

HERBST

Das fleißige Eichhörnchen (2)

Nun kann die Futtersuche beginnen. In einem der Gärten befindet sich ein großer Haselnussstrauch. Dort hüpft unser Eichhörnchen als Erstes hin.

🔔 *Das Kind schlägt einen Rhythmus mit **Klanghölzern.***

Viele Haselnüsse liegen unter dem Strauch. Behutsam fasst das Eichhörnchen sie mit den Vorderpfoten an und dreht eine nach der anderen lange hin und her, bis sich die Nuss gut zwischen den Zähnen tragen lässt. So bringt es die Haselnüsse nach und nach zu dem Vorratslager im Baum.

🔔 *Das Kind zieht den Schlägel vor und zurück über ein **Xylofon.***

Viele Tage sammelt unser Eichhörnchen nun schon. Doch plötzlich wird es bei der Arbeit gestört. Das Eichhörnchen wird von einem Hund bemerkt. Der Hund läuft laut bellend durch den Garten, direkt auf das Eichhörnchen zu.

🔔 *Das Kind klopft mit der Hand auf eine **Rahmentrommel.***

Nun muss das Eichhörnchen schnell verschwinden. Es huscht hinüber zu dem großen Kirschbaum, klettert hinauf und hüpft von Ast zu Ast.

🔔 *Das Kind zieht den Schlägel vor und zurück über ein **Xylofon.***

Hier oben kann der Hund dem Eichhörnchen nichts mehr anhaben. Zum Glück können Hunde nicht gut auf Bäume klettern. Ganz erleichtert flitzt das Eichhörnchen davon.

🔔 *Das Kind schlägt 3 Mal mit den **Fingerzimbeln.***

Unterwegs sammelt es noch einige Bucheckern und bringt sie zu den Winterverstecken. Wie voll es hier schon geworden ist! Das Futter wird sicher für den Winter reichen. So wird das Eichhörnchen den Winter gut überstehen. Endlich kann es sich von der anstrengenden Arbeit ausruhen.

🔔 *Das Kind reibt mit einer Handfläche über eine **Rahmentrommel.***

HERBST

Eine Regentropfenreise (1)

Benötigte Instrumente: Klangspiel, Rahmentrommel, Regenstab, Rührtrommel, Xylofon

Ich erzähle euch heute die Geschichte von der Reise des kleinen Regentropfens Platsch.	🔔 *Das Kind zieht den Schlägel über ein **Klangspiel**.*
Viele kleine Wassertropfen schweben gemeinsam mit dem Tropfen Platsch in einer kleinen weißen Wolke am blauen Himmel. Wenn jetzt die kleinen Wassertröpfchen ganz eng zueinander rutschen, werden aus den kleinen Tröpfchen nach und nach größere Tropfen.	🔔 *Das Kind zieht den Schlägel vor und zurück über ein **Xylofon**.*
Immer mehr Tropfen sammeln sich in der Wolke. So wird sie immer größer und schwerer und färbt sich dunkel. Bald ist die Wolke so schwer und dunkel, dass sie zu regnen beginnt.	🔔 *Das Kind dreht 3 Mal einen **Regenstab**.*
Leicht und leise fällt der Regen herab und mit ihm der Regentropfen Platsch. Die trockene Erde saugt das Wasser sofort auf. Dann regnet es immer heftiger und immer mehr Regen fällt herab. Es bilden sich große Pfützen auf dem Boden und nun fängt es auch noch an zu blitzen und zu donnern.	🔔 *Das Kind klopft mit der Handfläche auf eine **Rahmentrommel**.*
Platsch ist gemeinsam mit den anderen Tropfen auf die Erde gefallen und hinab bis in das Grundwasser gesickert. Dort sammeln sich die vielen Wassertropfen und zusammen finden sie den Weg in einen kleinen Fluss.	🔔 *Das Kind dreht 3 Mal einen **Regenstab**.*

HERBST

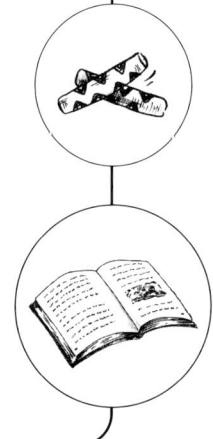

Eine Regentropfenreise (2)

Vom Fluss aus geht die Reise von Platsch, dem Wassertropfen, immer weiter. Er kommt vorbei an schönen Flussufern und Badestellen und er sieht viele Fische und Flussbewohner direkt an sich vorbeiziehen. Munter und fröhlich bewegen sie sich durch das Wasser.

🔔 *Das Kind zieht den Schlägel vor und zurück über ein **Xylofon**.*

Nach einer langen Reise endet nun der Fluss in einem Meer. Auch hier leben viele Wassertiere und Platsch lernt so einige von ihnen kennen. Schließlich kommt Platsch an einem Strudel vorbei und er sieht, wie sich dort das Wasser zu drehen beginnt.

🔔 *Das Kind dreht eine Kugel oder einen Schlägel in einer **Rührtrommel**.*

Inzwischen ist es über der Wasseroberfläche wieder warm und trocken geworden. Die Sonne scheint herab und das Wasser erwärmt sich. Mit der Zeit beginnen nun die einzelnen Wassertropfen aus dem Meer zu verdunsten.

🔔 *Das Kind klopft mit den Fingerspitzen auf eine **Rahmentrommel**.*

Wenn Wasser verdunstet, steigen winzig kleine Wassertropfen von dem Meer auf in den Himmel. Auch Platsch steigt wieder in den Himmel hinauf. Dort wird er sich mit vielen anderen kleinen Wassertröpfchen in einer Wolke sammeln und eines Tages seine Reise von neuem starten.

🔔 *Das Kind zieht den Schlägel über ein **Klangspiel**.*

HERBST

Fipsi und die Getreideernte (1)

Benötigte Naturmaterialien: Maiskolben, Steinchen, Stöckchen, Stroh / Gräser

Ich erzähle euch heute eine Geschichte von Fipsi, der kleinen Feldmaus.

🔔 *Das Kind klopft schnell mit **zwei Stöckchen** aufeinander.*

Wie immer im Herbst begannen die Bauern mit der Getreideernte. Hoch waren die Halme der Getreidesorten gewachsen und die Ähren waren mit Körnern prall gefüllt. Nun rauschte ein herbstlicher Wind durch das Getreidefeld.

🔔 *Das Kind raschelt mit **Stroh / Gräsern.***

Fipsi, die kleine Feldmaus, wohnte am Rande eines großen Weizenfeldes. Sie hatte schon viele Ähren gesammelt und in ihrem Mäusebau als Wintervorrat versteckt. Nun musste sie sich beeilen, dass sie nicht mit in die großen Mähdrescher der Bauern geriet, denn die Maschinen fuhren schon über die Felder.

🔔 *Das Kind klopft schnell mit **zwei Stöckchen** aufeinander.*

Die Mähdrescher schnitten die Halme des Getreides ab, trennten das Stroh und schließlich die Hülsen vom Korn. Fipsi verkroch sich schnell in ihrem Bau, denn die Mähdrescher veranstalteten einen riesigen Lärm bei ihrer Arbeit.

🔔 *Das Kind bricht mehrmals ein **Stöckchen** durch, dass es knackt.*

Manchmal nahmen die Mähdrescher sogar Steine mit auf und auch diese mussten von den Körnern getrennt werden. Wer isst schon gerne ein Vollkornbrot mit Steinchen? Also wurden die Steinchen wieder aus dem Mähdrescher hinausbefördert. Fipsi wollte die Steinchen nur ungern auf den Kopf bekommen.

🔔 *Das Kind lässt kleine **Steinchen** auf den Boden plumpsen.*

HERBST

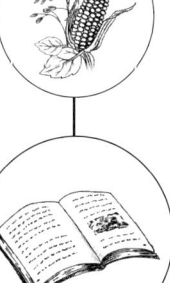

Fipsi und die Getreideernte (2)

So rückte Fipsi in ihrem Bau das Stroh und die Gräser noch einmal zurecht, kuschelte sich gemütlich ein und schlief sich von der anstrengenden Suche und der Flucht vor dem Mähdrescher gründlich aus.

🔔 *Das Kind raschelt mit **Stroh / Gräsern** und gähnt anschließend laut.*

Lange hatte Fipsi so geschlafen. Nun wachte sie auf und horchte, doch kein Laut drang zu ihr in den Bau hinein. Vorsichtig krabbelte sie an die Erdoberfläche. Kein Mähdrescher war mehr zu sehen. Allerdings auch kein Getreide. Aber auf dem Nachbarfeld stand noch der Mais. Schnell lief Fipsi dorthin, um einige Körner einzusammeln.

🔔 *Das Kind klopft schnell mit **zwei Stöckchen** aufeinander.*

Fipsi wusste, dass sie im Winter kein Futter finden würde. Deshalb sammelte sie alle Körner ein, die sie finden konnte. Lange würde der Mais nämlich nicht mehr stehen. Schon bald würde der Maishäcksler kommen, dann wären auch alle Maiskolben verschwunden.

🔔 *Das Kind klopft den **Maiskolben** auf den Tisch.*

So brachte Fipsi die leckeren Maiskörner in ihre Vorratskammer. Immer mehr Körner trug sie heran, bis die Kammer schließlich reichlich gefüllt war. Sehr müde war Fipsi nun, darum legte sie sich wieder in ihr weiches Strohbett und schlief glücklich ein.

🔔 *Das Kind raschelt mit **Stroh / Gräsern** und gibt dabei schnarchende Geräusche von sich.*

HERBST

Kürbisfreunde (1)

Benötigte Instrumente:
Kürbis / Kürbisse: Das Kind klopft 3 Mal mit dem Schlägel auf eine **Rahmentrommel**.
Kugelrund: Das Kind dreht eine Kugel oder einen Schlägel 3 Mal in einer **Rührtrommel**.

Ich erzähle euch heute die Geschichte vom dicken **Kürbis Kugelrund.**

Schon als kleine Blüte war **Kugelrund** größer als die anderen und auch später, als ein kleiner **Kürbis** zu sehen war, sah **Kugelrund** größer und dicker als alle anderen **Kürbisse** aus. Nun war er aber wirklich sehr groß und rund geworden und die anderen Früchte um ihn herum waren viel kleiner als er.

Deshalb schauten die anderen **Kürbisse** ihn verärgert an.
„Er wächst zu schnell!"
„Er ist zu fett!"
„Er nimmt uns das Licht!"
„Er will alles Wasser nur für sich!", schimpften sie über **Kugelrund.** Dabei konnte er gar nichts dafür. Er war eben von Natur aus etwas größer und dicker gewachsen.
Da half es auch nichts, wenn **Kugelrund** etwas weniger von dem begehrten Grundwasser trank oder sich unter einem Blatt versteckte. Die anderen **Kürbisse** mochten ihn einfach nicht, bloß weil er anders war.

So kuschelte sich **Kugelrund** unter den großen Blättern der Kürbispflanze ein und war sehr traurig. Kein **Kürbis** wollte etwas mit ihm zu tun haben. Deshalb versteckte er sich lieber und ließ die anderen **Kürbisse** reden.

Und die anderen **Kürbisse** redeten tatsächlich weiter über ihn. Das heißt, sie schimpften über ihn und wollten ihn unbedingt ärgern. Gemein waren sie. Wahrscheinlich waren die anderen **Kürbisse** mit sich selbst sehr unzufrieden und neidisch auf den schönen, dicken **Kugelrund.** Deshalb hackten sie so auf ihm herum.

HERBST

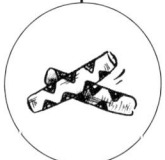

Kürbisfreunde (2)

Doch die **Kürbisse** hatten bei dem ganzen Gemecker gar nicht bemerkt, dass sie selbst nach und nach ihre schöne gelb-orangene Farbe verloren hatten und dafür grün vor Neid geworden waren. Nur **Kugelrund** leuchtete nach wie vor in dem schönsten Orange durch die Blätter hindurch. Denn **Kugelrund** hatte einen liebevollen Charakter und ein gutes Herz.

Bald schon sprach sich das Gezeter der **Kürbisse** auch in der Insektenwelt herum. Farbenfrohe Schmetterlinge kamen angeflogen, betrachteten die grün gewordenen **Kürbisse** und setzten sich dann auf **Kugelrund** nieder, um lieber mit ihm zu plaudern.

Kugelrund freute sich darüber. Endlich war jemand nett zu ihm und wollte mit ihm sprechen. Immer mehr Insekten kamen zu den **Kürbissen:** Hummeln, Bienen, Raupen und sogar Ameisen.

Alle wollten die neidischen grünen **Kürbisse** sehen und den netten **Kugelrund** kennenlernen. Und da **Kugelrund** so dick und groß war, hatte er auch reichlich Platz auf seinem Bauch für all seine neuen Freunde.

HERBST

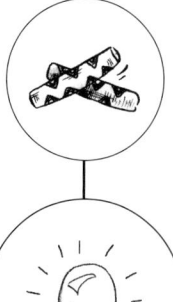

Flocke, der hilfsbereite Schneemann (1)

Benötigte Instrumente: Klanghölzer, Rahmentrommel, Regenstab, Röhrenholztrommel Rührtrommel, Schellenkranz

Ich erzähle euch heute die Geschichte von Flocke, dem freundlichen Schneemann.	🔔 *Das Kind schlägt 3 Mal pro Seite auf eine **Röhrenholztrommel.***
Es ist gerade Winter im Land und über viele Tage hinweg war der Schnee in dichten Flocken vom Himmel herabgefallen.	🔔 *Das Kind dreht 3 Mal einen **Regenstab.***
Die Kinder waren sehr froh darüber, denn sie hatten sich nach dem Schnee gesehnt. Freudig hatten sie dem Treiben der Schneeflocken vor dem Fenster zugesehen. Und nun konnten sie endlich im weißen Schnee herumtoben.	🔔 *Das Kind klopft 3 Mal mit dem **Schellenkranz.***
Dabei kamen sie auf die Idee, einen Schneemann zu bauen. Sie formten kleine Schneebälle, legten diese auf die Erde in den Schnee und rollten sie weiter, sodass große Kugeln entstanden.	🔔 *Das Kind dreht eine Kugel oder einen Schlägel in einer **Rührtrommel.***
Drei große Kugeln lagen schließlich vor den Kindern. Die Schneekugeln setzten sie aufeinander und danach begannen sie, den Schneemann zu gestalten: eine Möhre als Nase, Kastanien als Knöpfe und Nüsse als Augen und für den Mund.	🔔 *Das Kind klopft 3 Mal mit dem Schlägel auf eine **Rahmentrommel.***
Auf den Kopf kamen ein paar Haare aus Stroh und ein Topf, um den Hals wurde ein Schal gelegt und sogar warme Pantoffeln wurden ihm an die unterste Kugel gesteckt. Nun bekam der Schneemann noch seinen Namen: „Flocke".	🔔 *Das Kind schlägt 3 Mal pro Seite auf eine **Röhrenholztrommel.***

WINTER

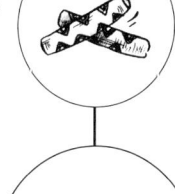

Flocke, der hilfsbereite Schneemann (2)

Als es nun spät wurde und alle Kinder nach Hause mussten, stand Flocke allein in der Kälte. Doch er fror nicht, denn er war ja ein Schneemann. Aber die beiden hungrigen Mäusekinder, die vorbeikamen, froren sehr und zitterten.

🔔 *Das Kind macht leise Geräusche mit einem **Schellenkranz.***

Schnell bot ihnen Flocke seine warmen Pantoffeln und seine leckere Möhrennase an. Überglücklich kuschelten sich die Mäuse in die Pantoffeln und knabberten sich an der Möhre satt.

🔔 *Das Kind schlägt einen schnellen Rhythmus mit **Klanghölzern.***

Schon bald darauf hüpfte ein kleines Eichhörnchen herbei. Sein Futtervorrat war aufgebraucht und es benötigte dringend etwas zu Essen. Flocke bot ihm seine Nüsse an und ein warmes Plätzchen unter dem Topf. Erleichtert kuschelte sich das Eichhörnchen ins Stroh.

🔔 *Das Kind dreht 3 Mal einen **Regenstab.***

Zu guter Letzt erschien ein junges Wildschwein. Es hatte großen Hunger und fror. So gab der hilfsbereite Schneemann auch seinen Schal und seine Kastanienknöpfe her und das glückliche Schwein lief dankbar davon.

🔔 *Das Kind dreht eine Kugel oder einen Schlägel in einer **Rührtrommel.***

Nun hatte Flocke nichts mehr zum Verschenken, aber er war sehr glücklich, dass er den hungrigen und frierenden Tieren so schnell helfen konnte. Lächelnd schlief Flocke nun ein.

🔔 *Das Kind klopft 3 Mal mit dem Schlägel auf eine **Rahmentrommel.***

WINTER

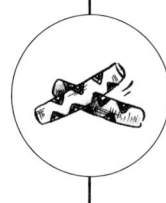

Rudolph, das kleine Rentier (1)

Benötigte Instrumente:
Rudolph: *Das Kind schlägt 3 Mal pro Seite auf eine **Röhrenholztrommel**.*
Donner: *Das Kind klopft 3 Mal mit dem Schlägel auf ein **Becken**.*
Blitzen: *Das Kind schlägt 3 Mal mit den **Fingerzimbeln**.*

Ich erzähle euch heute die Geschichte von **Rudolph,** dem kleinen Rentier.

Hoch oben im Norden sind die Tage kürzer, die Nächte dunkler und der Schnee liegt viel höher als bei uns. Dort sind die Rentiere zu Hause. Jedes Jahr vor Weihnachten sucht der Weihnachtsmann dort die stärksten und schnellsten Tiere, um seinen riesigen Schlitten zu ziehen.

Dort oben lebte ein Rentier mit dem Namen **Rudolph.** Er war noch ein recht junges Rentier und träumte davon, eines Tages den Schlitten des Weihnachtsmannes mit **Donner, Blitzen** und den anderen ausgewählten Rentieren ziehen zu dürfen. Doch **Rudolph** war anders als die üblichen Rentiere.

Immer wenn er aufgeregt war, begann seine Nase im schönsten Rot zu leuchten. Die anderen Rentiere lachten ihn aus und verspotteten ihn. Mit dieser Nase würde er niemals den Weihnachtsschlitten mit **Donner, Blitzen** und den anderen auserwählten Rentieren ziehen dürfen.

Mit allen Mitteln versuchte **Rudolph,** seine Nase zu verbergen. Er übermalte sie sogar mit schwarzer Farbe, doch nichts half. Schließlich steckte er sie in den Schnee und wünschte sich, weit weg zu sein.

Auch in diesem Jahr kam der Weihnachtsmann pünktlich zu den Rentieren, um bei einem Wettkampf zu schauen, welche Tiere er in sein Schlittengespann aufnehmen konnte. **Donner, Blitzen** und die anderen großen Rentiere standen dabei und schauten zu. **Rudolph** wurde aufgrund seines Nasenleuchtens vom Wettbewerb ausgeschlossen.

WINTER

Rudolph, das kleine Rentier (2)

Nun kam es aber, dass in diesem Jahr am heiligen Abend der Schnee in so dichten Flocken fiel, dass ein regelrechter Schneesturm daraus wurde. Niemand konnte mehr die Hufe vor den Augen sehen. So konnten **Donner, Blitzen** und die anderen auserwählten Rentiere den Schlitten nicht heil zu den Kindern bringen.
Alle befürchteten schon, dass Weihnachten in diesem Jahr ausfallen müsse. Doch da kam **Rudolphs** große Stunde.

Seine rote Nase leuchtete weit durch den dichten Schneefall und der Weihnachtsmann fragte ihn tatsächlich, ob er nicht als neuntes Rentier in das Schlittengespann einsteigen wollte, um **Donner, Blitzen** und den anderen auserwählten Rentieren den Weg zu leuchten.

Erfreut sagte **Rudolph** zu. Und so wurde er gerade wegen seiner Nase zu einem ganz besonders wichtigen Schlittentier. Plötzlich verspotteten ihn die Kinder aus der Schule nicht mehr, sondern sie bewunderten ihn wegen seiner großen Aufgabe.

WINTER

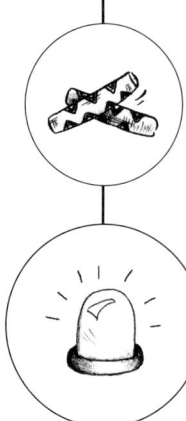

Tiere in der Weihnachtszeit (1)

Ich erzähle euch heute die Geschichte von der Weihnachtszeit bei den Tieren.

Jedes Jahr zu Weihnachten sahen sich die Tiere verwundert an. „Die Menschen werden wunderlich, stellen einen Baum in die gute Stube und seltsame Gerüche ziehen mir in die Nase. Das ist doch recht eigenartig", knurrte der Hund.

🔔 *Die Kinder erzeugen mit ihrem **Mund** mehrmals einen langen „**Grr**"-Laut.*

„Ja, das verstehe ich auch nicht. Aber ich habe nichts dagegen, denn in der Weihnachtszeit haben die Menschen immer besonders viele Kekse und Süßigkeiten in ihren Häusern für mich versteckt", piepste das Mäuslein.

🔔 *Die Kinder erzeugen mit ihrem **Mund** mehrmals einen langen „**Piep**"-Laut.*

Auch das Kätzchen hatte nichts gegen die neuen Gewohnheiten der Menschen. „Also in meinem Haus ist momentan jeden Abend der Kamin angefeuert und ich kann mich herrlich in dem warmen Zimmer ausstrecken und von den Menschen kraulen lassen", miaute das Kätzchen.

🔔 *Die Kinder erzeugen mit ihrem **Mund** mehrmals einen langen „**Miau**"-Laut.*

„Also ich finde die Weihnachtszeit besonders toll, denn jeden Tag werden in der Küche leckere Gerichte gekocht. So viele Essensreste bekomme ich sonst nie in meinen Futtertrog", grunzte das Schwein.

🔔 *Die Kinder erzeugen mit ihrem **Mund** und der Nase mehrmals einen langen „**Grunz**"-Laut.*

„Und nun passt mal auf, was ich euch sag, nämlich, dass ich Weihnachten mag! Denn ich, ich bekomme all die Gemüsereste, die Reste vom Feste, das ist das Beste, das ist das Beste", krähte aufgeregt der Hahn.

🔔 *Die Kinder erzeugen mit ihrem **Mund** mehrmals einen langen „**Kikeriki**"-Laut.*

WINTER

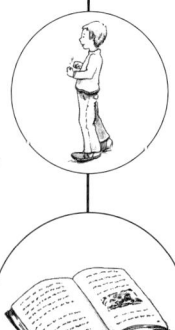

Tiere in der Weihnachtszeit (2)

„Und wir, wir bleiben sitzen auf unserer Hühnerleiter und trotzdem geht der Tag immer weiter. Wir haben nämlich endlich mal wenig zu tun und können viel ruh'n", gackerten die Hühner den Reim weiter.

🔔 *Die Kinder erzeugen mit ihrem **Mund** mehrmals einen langen **gackernden Laut.***

„Ja, genau wie bei mir. Ich brauche keine schweren Lasten zu ziehen. Ich muss nicht laufen, nicht springen, nichts tragen. Denn die Menschen arbeiten nicht an ihren Feiertagen", wieherte müde das Pferd.

🔔 *Die Kinder erzeugen mit ihrem **Mund** mehrmals einen langen **wiehernden Laut.***

Nun fehlte nur noch der Kommentar der Kuh. „Wisst ihr was? Am Schönsten finde ich, dass endlich alle gute Laune haben, der eine freut sich über sein Futter, der Nächste über Behaglichkeit und arbeitsfrei. Das ist mir gleich, denn ich gebe jeden Tag meine Milch, aber gegen einen schmackhaften Weihnachtsschmaus hätte ich auch nichts einzuwenden", muhte sie lächelnd.

🔔 *Die Kinder erzeugen mit ihrem **Mund** mehrmals einen langen **„Muh"-Laut.***

So feierten alle Tiere auf ihre Weise das Weihnachtsfest und freuten sich über leckeres Futter oder viele Streicheleinheiten. Aber das Beste war, dass endlich einmal alle Menschen und Tiere gute Laune hatten!

🔔 *Die Kinder erzeugen mit ihrem **Mund** mehrmals einen langen **„Bravo"-Ruf.***

WINTER

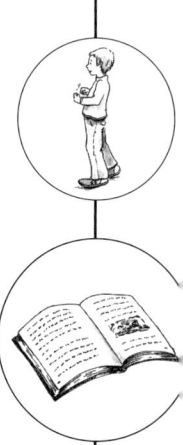

Sonnige Weihnachten (1)

Benötigte Instrumente: Glocke, Klangspiel, Rahmentrommel, Rassel, Regenstab, Röhrenholztrommel, Rührtrommel, Xylofon

Ich erzähle euch heute die Geschichte von dem kleinen Paul und seinem sonnigen Weihnachten.	🔔 *Das Kind zieht den Schlägel über ein **Klangspiel**.*
In diesem Jahr war alles anders. Weihnachten stand vor der Tür, doch der kleine Paul würde in diesem Jahr nicht zu Hause unter dem Tannenbaum feiern, sondern mit seinen Eltern weit weg fliegen zu Verwandten, die jetzt in Südafrika wohnten.	🔔 *Das Kind macht Geräusche mit einer **Rassel**.*
Ganz aufgeregt bestieg der kleine Paul das große Flugzeug. Schon für den Flug würden sie ungefähr elf Stunden brauchen. Viel Zeit für Paul, um zu lesen, Bordkino zu schauen und sich in Ruhe auszuschlafen.	🔔 *Das Kind klopft mit den Fingerspitzen auf eine **Rahmentrommel**.*
Pauls Eltern waren ziemlich aufgeregt. Hoffentlich kam ihr Gepäck gut an und hoffentlich passierte während des Fluges nichts, dachten sie. Doch das interessierte Paul nicht, er war einfach nur gespannt, wie es sein würde, Weihnachten in dem fernen Land zu feiern.	🔔 *Das Kind spielt eine Tonfolge auf dem **Xylofon**.*
Endlich kam das Flugzeug in Kapstadt an. Paul schwitzte in seinen dicken Sachen. Die Sonne schien vom Himmel herunter und es war sehr warm, denn in Südafrika war gerade Sommer.	🔔 *Das Kind zieht den Schlägel über ein **Klangspiel**.*

WINTER

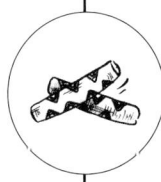

Sonnige Weihnachten (2)

Staunend schaute sich Paul um. Überall waren grüne Pflanzen zu sehen. Die Menschen trugen kurze Sachen und trotzdem war alles weihnachtlich geschmückt. Komisch war das. Sogar Weihnachtslieder hörte er zwischen all den sommerlich aussehenden Menschen.

🔔 *Das Kind schlägt auf eine **Röhrenholztrommel** und summt ein Weihnachtslied.*

„Ho, ho, ho", rief der Weihnachtsmann, doch für Paul war das wirklich merkwürdig. Kein Schnee, das ging ja noch, aber Eis essen statt auf dem Eis Schlittschuh zu laufen? Paul fand: Hier in Südafrika war die Welt verdreht.

🔔 *Das Kind dreht 3 Mal eine Kugel in einer **Rührtrommel**.*

Bei seinen Verwandten angekommen, stand im klimatisierten Wohnzimmer ein Weihnachtsbaum. Wunderschön geschmückt war er, ähnlich wie der Weihnachtsbaum in Deutschland. Sogar kleine Glöckchen hingen an den grünen Zweigen.

🔔 *Das Kind macht Geräusche mit einer **Glocke**.*

Und am Heiligen Abend kam dann ein Weihnachtsmann mit einem langen roten Mantel, einer Weihnachtsmannmütze und einem langen weißen Bart. Aber wenn man genau hinsah, konnte man die kurzen Hosen unter dem Mantel erkennen. Darüber musste Paul laut lachen.

🔔 *Das Kind spielt eine Tonfolge auf dem **Xylofon**.*

Es wurde ein festlicher Abend und Paul bekam auch hier in diesem fernen Land seine Weihnachtsgeschenke. Aber für das nächste Jahr nahm er sich vor, doch lieber wieder im kalten Deutschland zu bleiben und den Schneeflocken vor seinem Fenster zuzusehen.

🔔 *Das Kind dreht 3 Mal langsam einen **Regenstab**.*

WINTER

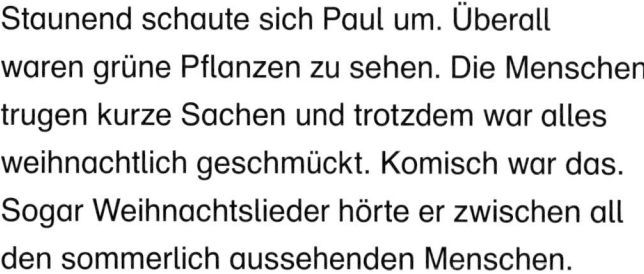
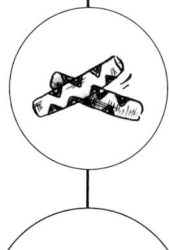

Wurzel und das Futterhäuschen (1)

Benötigte Naturmaterialien:
Futterhäuschen: *Das Kind raschelt mit **Stroh**.*
Meisen: *Das Kind klopft mit **zwei Steinchen** aufeinander.*
Tiere: *Das Kind klopft mit dem **Maiskolben** auf den Tisch.*
Wurzel: *Das Kind klopft mit **zwei Stöckchen** aufeinander.*

W I N T E R

Ich erzähle euch heute die Geschichte von **Wurzel,** den **Meisen** und einer komischen Krankheit.

Es war Winter und eine dicke Schneedecke lag über dem Land. Viele frei lebende **Tiere** fanden nun nicht mehr genug zu essen und hätten hungern müssen, wenn nicht die fleißigen Helfer die vielen **Futterhäuschen** regelmäßig aufgefüllt hätten. Doch auch dort gab es immer Streit, denn manche **Tiere** wollten immer mehr Futter und ließen die kleineren und schwächeren **Tiere** nicht bis an das **Futterhäuschen** herankommen.

Das konnte so nicht weitergehen! Die schlauen **Meisen** betrachteten den Streit der **Tiere** eine ganze Weile. **Wurzel,** der alte Wildschweineber, hatte das Kommando über die starken **Tiere** übernommen. **Wurzels** Helfer standen an dem **Futterhäuschen** und passten auf, dass keiner die Wildschweine beim Fressen störte.

Die kleinen **Meisen** flogen über die Köpfe der Helfer hinweg und holten kleinere Stücke Nahrung, die sie den anderen hungrigen **Tieren** zuwarfen. Aber leider konnten die **Meisen** nur wenig tragen und so reichten die Bröckchen für die hungernden **Tiere** nicht aus.

Also was sollten sie tun? Sie flogen vom **Futterhäuschen** fort und trafen sich an einer anderen Stelle, um sich mit den restlichen **Tieren** zu beraten. Aber keiner hatte eine Idee. Alle waren hungrig und erschöpft und hatten Angst vor Wildschwein **Wurzel.**

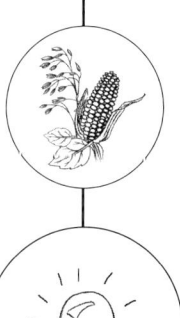

Wurzel und das Futterhäuschen (2)

Auf einmal kam ein Grunzen aus dem Gebüsch. Einer von **Wurzels** Helfern hatte die **Tiere** aufgespürt. Aber er wollte den **Tieren** nichts tun, im Gegenteil, er sah ziemlich verzweifelt aus. Die **Meisen** umringten ihn und fragten neugierig nach dem Grund seines Kommens.

„Ihr müsst bitte sofort zum **Futterhäuschen** zurückkommen!", rief der Wildschweinhelfer. „**Wurzel** geht es schlecht, ich glaube, er ist krank."

„Aber was geht das uns denn an?", fragten die **Meisen.** „Schließlich habt ihr uns vom **Futterhäuschen** verjagt und alles Futter für euch behalten. Und nun sollen wir euch helfen?" Die **Tiere** schüttelten den Kopf.

Doch die **Meisen** hatten plötzlich einen schlauen Einfall. „Geh du zurück zu **Wurzel** und sage ihm, dass wir ihm nur helfen werden, wenn er uns verspricht, den Rest des Winters den anderen **Tieren** am **Futterhäuschen** den Vortritt zu lassen." Bekümmert rannte **Wurzels** Helfer zu **Wurzel** zurück.

Inzwischen machten sich auch die restlichen **Tiere** wieder auf den Weg zum **Futterhäuschen.** Als die Meisen ankamen und sahen, wie sich **Wurzel** auf der Erde rollte und den Bauch hielt, mussten die **Meisen** doch ein klein wenig schadenfroh in sich hinein grinsen.

Denn **Wurzel** war gar nicht krank. Er hatte sich nur vor lauter Gier mit all den leckeren Sachen am **Futterhäuschen** überfressen. Die **Meisen** mischten eine bittere Kräuterbrühe zusammen und während **Wurzel** diese austrank, musste er den **Tieren** versprechen, sie ebenfalls an das **Futterhäuschen** zu lassen.

Doch **Wurzel** hatte im Moment überhaupt keinen Hunger mehr, er hielt sich den schmerzenden Bauch und versprach alles. Nie wieder in seinem ganzen Leben wollte er den anderen **Tieren** das Futter wegessen.

Ein Faschingszauber (1)

Benötigte Instrumente: Klangfrosch, Klanghölzer, Rahmentrommel, Regenstab, Röhrenholztrommel, Rührtrommel, Schellenkranz, Triangel

Ich erzähle euch heute eine Geschichte
und hoffe, ihr mögt auch dies Gedichte.

Der Zauberer Magus Zebedor
zieht seinen Zauberstab hervor.

🔔 *Das Kind schlägt 5 Mal mit den **Klanghölzern** aufeinander.*

Er zaubert für uns auf die Schnelle
eine Kröte auf die Bodenschwelle.

🔔 *Das Kind zieht 3 Mal einen Stab über einen **Klangfrosch**.*

Karlfrieder heißt das kleine Tier
und ganz begeistert klatschen wir.

🔔 *Das Kind klatscht 5 Mal mit der Hand auf eine **Rahmentrommel**.*

Nun folgt der nächste Faschingsstreich,
ein Häschen hoppelt her sogleich.

🔔 *Das Kind schlägt 3 Mal pro Seite auf eine **Röhrenholztrommel**.*

Das Häschen hüpft vor lauter Schreck
einmal im Kreis, dann ist es weg.

🔔 *Das Kind dreht eine Kugel oder einen Schlägel in einer **Rührtrommel**.*

Doch schon zaubert Magus wieder,
buntes Konfetti rieselt nieder.

🔔 *Das Kind dreht 3 Mal einen **Regenstab**.*

Nun darf sich jedes Kind entscheiden,
der Zauberer wird es verkleiden.

🔔 *Das Kind raschelt mit einem **Schellenkranz**.*

Uns fehlen Musik oder andere Klänge.
Zebedor zaubert uns Engelsgesänge.

🔔 *Das Kind klopft 3 Mal mit dem Stab auf eine **Triangel**.*

Jetzt zaubert er Essen in allen Sorten,
seht nur, die vielen leckeren Torten.

🔔 *Das Kind dreht eine Kugel oder einen Schlägel in einer **Rührtrommel**.*

W I N T E R

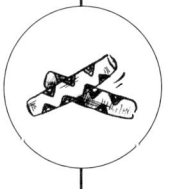

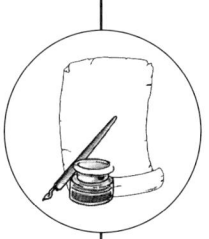

Ein Faschingszauber (2)

Der Zauberer hebt seinen Stab empor
und zaubert die schönsten Getränke
hervor.

🔔 *Das Kind schlägt 5 Mal
mit den **Klanghölzern**
aufeinander.*

Als Dankeschön klatschen wir alle wieder,
plötzlich regnen Bonbons hernieder.

🔔 *Das Kind dreht 3 Mal einen
Regenstab.*

Zebedor hat seinen Stab eingesteckt,
wir sind verkleidet, der Tisch ist gedeckt.

🔔 *Das Kind reibt mit der Hand
über eine **Rahmentrommel**.*

Nun tanzen wir einen Zaubertanz
und klopfen dazu mit dem Schellenkranz.

🔔 *Das Kind schlägt 3 Mal mit
einem **Schellenkranz**.*

Der Zauberer zaubert sich jetzt nach Haus
und unsere Faschingsparty ist nun aus.

🔔 *Das Kind schlägt 3 Mal
pro Seite auf eine
Röhrenholztrommel.*

WINTER

Die musikalischen Steine (1)

Benötigte Naturmaterialien:
große Steine: *Die Kinder klopfen ihre **Steine** 2 Mal aneinander.*
mittlere Steine: *Die Kinder klopfen ihre **Steine** 3 Mal aneinander.*
kleine Steine: *Die Kinder klopfen ihre **Steine** 7 Mal aneinander.*

Für diese Geschichte benötigen Sie für jedes Kind der Gruppe zwei Steine. Ob Sie dabei die drei verschiedenen Größen anbieten oder die Kinder in drei Gruppen einteilen, müssen Sie entscheiden. Bei der Rhythmik bietet es sich an, den Kindern mehrsilbige Worte als Gedankenstütze und Hilfe anzubieten (z. B. 2 Mal klopfen: Son – ne; 3 Mal klopfen: Son – nen – schein; 7 Mal klopfen: Heu – te ist das Wet – ter schön).

Ich erzähle euch heute die Geschichte von den musikalischen Steinen.

🔔 *Die Kinder **klopfen** mehrmals ihre **Steine** aneinander.*

Wie ihr wisst, gibt es unglaublich viele unterschiedliche Steine auf unserer Erde. Steine in allen verschiedenen Farben und Größen. Eines Tages kamen die Steine auf eine Idee.

Immer lagen sie nur auf der Erde herum und hörten der Musik der Menschen zu. Nun wollten sie selbst einmal Musik machen. Die **großen Steine** begannen mit einem Steinkonzert. Da wollten auch bald die **mittleren Steine** mitmusizieren. Und zum Schluss fingen selbst die **kleinen Steine** an, Musik zu machen.

Es entstand ein wüstes Getöse, denn die Steine hatten noch keine Erfahrung im Musizieren und klapperten wild durcheinander.
Die **großen Steine** dröhnten und wollten all die anderen Steine übertönen.

Die **mittleren Steine** klopften so laut dazwischen, wie sie konnten, denn auch sie wollten gehört werden. Die **kleinen Steine** schließlich klackerten schrill vor sich hin. So konnte keine Melodie entstehen.

BESONDERES

Die musikalischen Steine (2)

Einige der besonders schlauen Steine hörten mit ihrem Krach auf und schon bald waren die **großen Steine,** die **mittleren Steine** und die **kleinen Steine** still. Eine himmlische Ruhe herrschte. Wie machten das die Menschen bloß, dass bei ihnen, trotz der vielen, unterschiedlichen Instrumente, so wunderschöne Musik entstand?

Schon bald stritten sich die Steine weiter. Die **mittleren Steine** vermittelten dabei zwischen den **großen Steinen** und den **kleinen Steinen.**

Sie einigten sich darauf, dass jeder einmal an die Reihe kommen sollte. Die **großen Steine** zuerst, danach die **kleinen Steine** und zum Schluss wollten die **mittleren Steine** musizieren. Das probierten sie einmal aus.

Nun klang ihre Musik schon anders, jede Steingröße war zu hören, aber noch immer ergab das Ganze nur großen Krach und keinen Rhythmus. So mussten die **mittleren Steine** wieder anfangen zu vermitteln.

Man einigte sich auch diesmal. Die **großen Steine** fingen mit der Melodie an, hatten dafür aber nur 2 Schläge. Die **kleinen Steine** hörten mit der Melodie auf, hatten dafür aber 7 Schläge. Und die **mittleren Steine** blieben in der Mitte und hatten 3 Schläge.

So war das Ganze gerecht verteilt. Alle Steine waren einverstanden und begannen auf ein Zeichen zu musizieren, jeder nach seinem Einsatz und mit seinem Rhythmus. Eine wundervolle Musik erklang.

Seit diesem Tag musizieren die **großen Steine** mit den **mittleren Steinen** und den **kleinen Steinen** gemeinsam. Viele verschiedene Melodien entstehen dabei. Und vielleicht könnt ihr ja selbst noch einige davon aus euren Steinen hervorlocken.

BESONDERES

Ein akustisches Ratespiel (1)

Benötigte Instrumente: Becken mit Schlägel, Fingerzimbeln, Glocke, Karton, Klangspiel, Rahmentrommel, Rassel, Regenstab, Schellenkranz / Tamburin, Triangel, Xylofon

Legen Sie vor diesem Ratespiel ein Tamburin in einen Karton. (Legen Sie evtl. eine weiche Decke mit hinein!) Stellen Sie den Karton während des Reimes sichtbar für die Kinder hin. Zu Beginn sollte er geschüttelt werden. Zum Schluss wird der Karton schließlich geöffnet.

Ich erzähle euch heute keine Geschichte,
ein Ratespiel ist dies Gedichte.

Kling, klang, klong, was ist da im Karton?	🔔 *Das Kind (oder Sie) schüttelt den **Karton**.*
Ist es eine Kellerassel? Wir schütteln einmal mit der Rassel.	🔔 *Das Kind macht Geräusche mit einer **Rassel**.*
Nein, das ist ein anderer Ton, probieren wir ein Xylofon.	🔔 *Das Kind spielt eine Tonfolge auf dem **Xylofon**.*
Vielleicht ist es 'ne alte Socke, klingeln wir mal mit der Glocke.	🔔 *Das Kind macht Geräusche mit einer **Glocke**.*
Was könnte es denn sonst noch sein, da fällt mir die Triangel ein.	🔔 *Das Kind klopft 3 Mal mit dem Stab auf eine **Triangel**.*
Ist es etwa eine Bommel? Wir schlagen schnell mal auf die Trommel.	🔔 *Das Kind klopft mit dem Schlägel 3 Mal auf eine **Rahmentrommel**.*
Mal seh'n, wer hat noch 'ne Idee, den Regenstab ich oben seh.	🔔 *Das Kind dreht 3 Mal einen **Regenstab**.*

BESONDERES

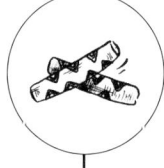

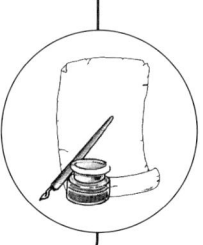

Ein akustisches Ratespiel (2)

Ich glaube unter vielen Decken,
liegt im Karton versteckt ein Becken.

🔔 *Das Kind klopft 3 Mal mit dem Schlägel auf ein **Becken**.*

Wir probieren ganz schön viel,
vielleicht ist es auch das Klangspiel.

🔔 *Das Kind zieht den Schlägel 3 Mal über ein **Klangspiel**.*

Nun fällt mir langsam nichts mehr ein,
es werden doch nicht Zimbeln sein?

🔔 *Das Kind schlägt 3 Mal mit den **Fingerzimbeln**.*

Kommt, wir seh'n nach, was ist nun drin?
Hier, schaut, es ist ein Tamburin.

🔔 *Das Kind macht den Karton auf und holt das **Tamburin** heraus.*

BESONDERES